云冈十看

TEN ANGLES OF VIEW of yungang grottoes

王炬华　张旭云⊙编著

山西出版传媒集团
三晋出版社

图书在版编目（CIP）数据

云冈十看/王烜华，张旭云编著.--太原：三晋出版社，2021.1

ISBN 978-7-5457-2071-6

Ⅰ.①云… Ⅱ.①王… ②张… Ⅲ.①云冈石窟 — 介绍 Ⅳ.①K879.22

中国版本图书馆CIP数据核字（2021）第017149号

云冈十看

编　　著：王烜华　张旭云
责任编辑：任俊芳
责任印制：李佳音
装帧设计：王利锋

出 版 者：山西出版传媒集团
　　　　　三晋出版社（山西古籍出版社有限责任公司）
地　　址：0351—4956036（总编室）
　　　　　0351—4922203（印制部）
网　　址：http://www. sjcbs. cn

经 销 者：新华书店
承 印 者：山西基因包装印刷科技股份有限公司

开　　本：720mm×1020mm　1/16
印　　张：15.25
字　　数：180千字
版　　次：2021年6月　第1版
印　　次：2021年6月　第1次印刷
书　　号：ISBN 978-7-5457-2071-6
定　　价：68. 00元

如有印装质量问题，请于本社发行部联系　电话：0351—4922268

云冈石窟艺术

云冈石窟位于山西省大同市以西约 16 千米的武州山南麓，古称武州山石窟寺。石窟前，武州川水（今十里河）由西迤东缓缓流过。北魏著名地理学家、文学家郦道元在《水经注》中写道：“武周川水又东南流，水侧有石祇洹舍并诸窟室，比邱尼所居也。其水又东转，迳灵岩南，凿石开山，因崖结构，真容巨壮，世法所稀。山堂水殿，烟寺相望，林渊锦镜，缀目新眺”，描述的正是北魏时武州川水流经石窟时的情景。

云冈石窟依山开凿，规模浩大，自东迄西 1000 多米，现存主要洞窟 45 个，大小编号洞窟 254 个，各类佛教人物造像 59000 余尊（身），各类龛式、塔形和图案 20000 余个（处）（图 0-1）。

史书记载和考古成果说明，云冈石窟是公元 5 世纪中华佛教走向鼎盛阶段，由北魏皇家主持营造的大型佛教石窟寺，也是中国早期石窟艺术的代表作品。云冈石窟艺术以规模宏大、题材多样、雕刻精美、内涵丰富而驰名中外；以典型的皇家风范造像而异于其他早期石窟；以融会东西、贯通南北的鲜明的民族化进程为特色，在中国石窟艺术中独树一帜。石窟以大量的实物形象和珍贵的文字史料，从不同侧面展示了公元 5 世纪中叶至 6 世纪初中国石窟艺术风格及中国北方地区宗教信仰的重大发展变化，对中国石窟艺术的创新与发展有着重大贡献，具有其他早期石窟不可替代的

图 0-1　云冈石窟外景

历史、艺术、科学和鉴赏价值。1961 年，云冈石窟被国务院公布为第一批全国重点文物保护单位。2001 年，云冈石窟被联合国教科文组织世界遗产委员会批准列入世界遗产名录。

公元 4 世纪末期，控制了黄河流域以北大部分地区的拓跋鲜卑建立了北魏王朝。道武帝拓跋珪天兴元年（398）从盛乐（今内蒙古和林格尔一带）迁都平城（今山西大同），到孝文帝拓跋宏太和十八年（494）又迁都洛阳，大同作为北魏封建统治的中心近百年之久。云冈石窟就是在北魏王朝的最繁荣时期（460—524）开凿的。

北魏皇帝崇佛是云冈石窟开凿的重要条件。文献记载，鲜卑族拓跋部在中国北方一带开始活动时，还未信仰佛教，到建立政权，接触中原地区多重文化后，才开始注意佛教。道武帝“好黄老，颇览佛经”。他在征服各族的战争中，“见诸沙门、道士，皆致精敬，令军旅无所犯”。天兴元年（398），他又下诏在京城建造五级浮屠，建耆阇崛山殿、须弥山殿

及讲堂、禅堂等。明元帝时，“又崇佛法，京邑四方，建立图像，仍令沙门，敷导民俗”。太武帝于太延五年（439）灭北凉，“太延中，凉州平，徙其国人于京邑，沙门佛事皆俱东，象教弥增矣”。这是北魏佛教史上具有重要意义的大事。至此，素称发达的凉州佛教东传，北魏佛教迎来了兴盛期。但由于太武帝晚期近信于儒士崔浩和道士寇谦之，开始崇道排佛。太平真君七年（446），太武帝下诏毁灭佛法，“土木宫塔，声教所及，莫不毕毁”，上演了中国历史上第一次“坑沙门，毁诸佛像”的废佛事件。然而，文成帝即位后，立即下诏复法，佛教以更大的势头发展起来，其直接结果便是云冈石窟的大规模营造。

文献记载：“太安初（455），有师子国（今斯里兰卡）胡沙门邪奢遗多、浮陀难提等五人，奉佛像三，到京都。皆云，备历西域诸国，见佛影迹及肉髻，外国诸王相承，咸遣工匠，摹写其容，莫能及难提所造者，去十余步，视之炳然，转近转微。又沙勒（今新疆喀什）胡沙门，赴京师致佛钵并画像迹。”平城作为当时中国北方的政治、宗教和文化中心，集中了全国的优秀艺术工匠。太武帝灭北凉，将凉州僧徒三千人，宗族、吏民三万户迁到平城，其中不乏长于造像的工艺匠师和著名高僧。这都为云冈石窟的大规模营造创造了良好的人力、物质条件。

《魏书·释老志》载：“和平初（460），师贤卒，昙曜代之，更名沙门统。初，昙曜以复佛法之明年（453），自中山被命赴京，值帝出，见于路，御马前衔曜衣，时以为马识善人。帝后奉以师礼。昙曜白帝，于京城西武州塞，凿山石壁，开窟五所，镌建佛像各一。高者七十尺，次六十尺，雕饰奇伟，冠于一世。”至此，北魏皇室以其国力为保证，开始了云冈石窟的大规模营造。云冈石窟的大规模营造至孝文帝迁都洛阳后停止，但中小型的营造工程一直持续到孝明帝正光五年（524）。

东西方宗教和文化碰撞所产生的云冈石窟，是了解公元 5 世纪文化发展及其宗教思想的最真实、直接的明证，也是世界雕塑艺术史中最震撼和最有感染力的优秀作品。石窟中雕刻的佛、菩萨、护法、供养等各类人物及其组合形式，龙、鸟、莲花、忍冬等各类动植物装饰图案，洞窟形制、龛式、壁面布局等建筑形式，均体现了北魏时期佛教及其艺术发展最辉煌时代的特质。云冈石窟是今天人们回顾历史、欣赏艺术的最佳选择之一。

目录

CONTENTS

一看大佛

the first
angle of view
yungang grottoes

去云冈看**大佛**，是不少民众随口而出的游览云冈的目的。云冈的大佛确实值得一看。以著名露天大佛为代表的昙曜五窟是大佛最集中的区域。此外，中部窟区的第 13 窟，第 5 窟，第 9、10 窟，西部窟区东端的第 14 窟和东部窟区的第 3 窟等洞窟，都有规模不等、姿态各异的大型佛菩萨像。初步统计，上述洞窟中现存佛菩萨大像 28 尊，其中坐像 11 尊、立像 17 尊。现存洞窟主像 9 尊，高度均在 10 米以上，最高的第 5 窟主尊坐像达 17.4 米，是云冈石窟最高大的佛像。以上洞窟现存胁侍像 19 尊，高度均在 5.3 米以上，最高的第 20 窟东立佛和第 18 窟东、西立佛三尊像，都高达 9.5 米。此外，第 10 窟后室、第 14 窟两个洞窟的主像与第 20 窟西立佛等三尊像，虽早已崩塌毁坏，但据测算，其高度也分别在 9.8 米、7.5 米和 9.5 米。

一、昙曜五窟的大像

昙曜五窟位于云冈石窟群西区东部，编号为第16窟至第20窟，是北魏开凿最早的五座皇家洞窟。据《魏书·释老志》记载："和平初，师贤卒，昙曜代之，更名沙门统。初，昙曜以复佛法之明年（453），自中山被命赴京，值帝出，见于路，御马前衔曜衣，时以为马识善人。帝后奉以师礼。昙曜白帝于京城西武州塞，凿山石壁，开窟五所，镌建佛像各一。高者七十尺，次六十尺，雕饰奇伟，冠于一世。"文中所述五个镌刻出巨大佛像的洞窟，与现存并相毗邻的第16、17、18、19、20窟等五座单室大像窟特征相近，颇为吻合，故名"昙曜五窟"。

纵观五窟，其设计之精、规模之巨、气势之大、佛像之伟，集世界佛教石窟造像精华、聚东西方雕刻艺术典范，成为公元5世纪世界上最有代表性的佛教石窟造像之一。就洞窟形制而言，被称为"穹隆顶大像窟"者，是在借鉴印度早期石窟形制基础上，结合中国北方建筑形式及其云冈所在地域文化特征而形成的新的样式。就石窟造像而言，昙曜五窟乃至云冈大多数佛菩萨像的相貌，既有西方佛教人物高鼻梁、深眼窝的形象特征，也有符合中原汉族审美的"慈眉善目"的独特形象。就佛像服装而言，既有"偏袒右肩"和"通肩大衣"等印度、犍陀罗式艺术中的袈裟服

昙曜五窟基本情况统计表

窟　号	16	17	18	19	20
窟内东西宽度	12m	13.8m	16.5m	25.5m	21m
窟门口至北壁深度	10.7m	9.3m	10m	18m	10m
洞窟地面至窟顶高度	15m	16.2m	16.2m	17.5m	16m
主尊造像高度	13.5m	15.6m	15.5m	16.8m	13.7m

注：第20窟明窗与窟门崩坍，窟门口至北壁深度以第19窟西耳洞南端外侧为参照点，第19窟窟门口至北壁深度也以此点测出。

饰，也有5世纪中华汉地流行的“褒衣博带”服装。

五个大像窟之主像姿态并不相同，立佛像（16、18窟）、坐佛像（19、20窟）、交脚像（17窟）并存，这些造像都象征了北魏繁荣时期（公元5世纪）所流行的佛教意义。与此同时，将五个大像窟并列于同一水平线上，则是世界佛教石窟寺建造史上非常罕见的现象，呈现了特殊的艺术风格。

昙曜五窟的五尊主像，既是佛菩萨像，也象征了北魏王朝的五位皇帝。根据《魏书·释老志》记载，文成帝恢复佛法之初年（452），“诏有司为石像，令如帝身。既成，颜上足下，各有黑石，冥同帝体上下黑子。论者以为纯诚所感。兴光元年秋，敕有司于五级大寺内，为太祖已下五帝，铸释迦立像五，各长一丈六尺，都用赤金二十五万斤”。因此，近百年来学术界普遍认可云冈第16—20窟，就是云冈最早开凿的五所石窟，其中五尊大像也是文成帝“为太祖已下五帝”所造（昙曜五窟所塑大像，由西向东分别对应道武帝、明元帝、太武帝、景穆帝和文成帝）。

图1-1　第20窟露天大佛及其东胁侍佛

1. 露天大佛及其胁侍佛

第20窟是云冈早期开凿的昙曜五窟之一，是为大像窟，位在五窟西端。由于前立壁的崩塌，使得佛像显露在外，故而又称露天大佛窟。露天大佛高约 13.7 米，端坐于石台座之上（图 1–1）。佛首磨光肉髻、方圆面相、广额丰颐、眉眼细长、鼻梁挺直、大耳垂肩，眉间施白毫，嘴唇略薄，唇上、下巴皆有胡须，眼中瞳孔为琉璃镶嵌，大约是在辽代安装。佛身挺拔壮硕、两肩宽厚，着袒右肩式袈裟。袈裟质地厚重，衣褶自然流畅，内衣（僧祇支）轻薄贴体，整体疏密得当，雕刻工艺精湛。大佛神情庄严、慈祥泰然，结跏趺坐，双手于腹间相会叠加，呈禅定手印。可惜手部与双腿因风雨侵蚀，雕饰全无。但是，大佛姿态雄伟、气宇轩昂、生气勃勃，融合东西方雕塑艺术于一体，当是兼备了佛陀“三十二相、八十种随形好”的造像珍品，也是云冈石窟最具代表性的旷世佳作，给人以心灵的震撼。

● 结跏趺坐，也叫金刚跏趺坐。这种坐姿有两种坐法，一种是“先以右趾押左股，后以左趾押右股”，为左押右；另一种是“先以左趾押右股，后以右趾押左股”，为右押左。两种结跏趺坐皆为“令二足掌仰于二股之上”。所以，雕刻坐佛像中，可见两只脚置于二股之上的，就是结跏趺坐。这是各种坐法中最稳定的一种。但是云冈石窟很少能够看见露出双脚的结跏趺坐佛像，大多数佛像都表现为半跏趺坐。

● 禅定手印。禅，即为思惟静虑而研习；定，心定止之境界。一心考物为禅，一境静念为定。禅与定皆为心之德，二者合而一为“禅定”。佛教认为，要成就佛道，则必“深入禅定”，想达到禅定境界，则“必断欲界之烦恼”。《六度集经》说：“复有四种禅定，具足智慧：一常乐独处；二常乐一心；三求禅及通；四求无碍佛智。”修禅之人在形体上必“结跏趺坐”而双手于腹间相会叠加，两拇指尖相对，成“佛部定印”，即是禅定手印。佛像中呈禅定手印者在云冈造像中非常普遍，最高大佛像之第 5 窟主尊，最著名之第 20 窟露天大佛以及第 17 窟东侧的胁侍佛像均为结跏趺坐、禅定手印。

大佛两侧，原本各有立佛、立菩萨，呈三佛二菩萨之五尊像布局，可惜今天仅有东壁一佛独立。东立佛高约 9.5 米，磨光肉髻、圆脸大耳、深目高鼻，着通肩式佛衣，右手举在胸前施无畏印，左手握法衣下垂，跣足立于莲台之上。其衣纹雕刻与造像特征极具西方艺术神韵（图 1-2）。西壁立佛大约当年与东立佛相对侍立，但早已坍塌无形，现在仅残留圆形头光和赤裸的双足及所踏莲座。

● 施无畏手印。无畏，亦称无所畏，即是"佛于大众中说法，泰然无畏之德也"，佛经中有"四无畏"说，也有"六无畏"说。佛教中"无畏"的意义集中于说法，如此表达之手印，以最早出现的佛陀形象为标准，即右手臂上举，五指伸展，掌心侧向前方。最早出现的佛陀形象，无论是犍陀罗艺术，还是笈多艺术，均将其最早佛像的手印形式塑造为无畏手印，其中笈多艺术中结跏趺坐佛像最有代表性：右手臂上举至肩，掌心雕刻圆形法轮，即为转法轮，表示了强烈的"无所畏"，正是"佛于大众中说法，泰然无畏之德也"。无畏手印亦为"施无畏印"，丁福保《佛学大辞典》"施无畏印"条解释："施无畏之印契，举右手舒五指以向于外者。"《大日经·四》曰："以智慧手（右手）向上作施无畏形，颂曰：能施与一切众生类无畏，若结此大印名施无畏者。"《罗尼经》曰："右手展掌，竖其五指，当肩向外，名施无畏。此印能施一切众生安乐无畏。"

● 在云冈，除大量的千佛像和部分佛像为禅定手印外，多数佛像均为右手臂举起至胸，五指伸展，手掌侧向前方的无畏手印。与此同时，弥勒像（无论是弥勒佛还是弥勒菩萨）也多为无畏手印。

图 1-2　第 20 窟东胁侍佛

在主尊坐佛和东西立佛之间，可以看到两身残毁的胁侍菩萨像遗迹。西菩萨高逾6米，头部失形，头光尚在，左胸上部残存，斜披络腋，项圈连珠纹边饰，下缘悬垂一环宝坠，小腿以下基本保留，衣纹清晰，跣足呈外八字形站立，脚下低台立面，横排雕刻莲花纹。东菩萨与西菩萨高度相当，但因空间狭挤，为了缩减身形，在菩萨的八字形脚下，雕出一米多高的托扛地神；菩萨头部无存，左胸臂残留，也为斜披络腋，装饰有连珠臂钏、项圈及宝坠。但总体感觉雕刻变得浮浅、僵硬。初步推测，二菩萨俱为三佛像雕造完成之后的填补之作。

● 托扛地神。地神，即大地之神。《周礼·夏官·校人》"凡将事于四海山川"，唐贾公彦疏："山川，地神。土色黄，故用黄驹也。"而于佛教，地神，名曰坚牢，女神也。《最胜王经》八曰："此大地神女名曰坚牢。"《诸天传》曰："地祇乃总号。安住不动皆地神。故坚牢乃别名。"因而以此形象托举交脚菩萨，成为云冈石窟菩萨造像形式之一种。

2. 第19窟主尊和东、西耳洞坐佛

与昙曜五窟其余四窟的窟内三佛形式不同，第19窟的三佛形象分别设置在三座洞窟之中，故称之为"三窟佛"。中央主洞窟内，东西宽约19米、南北进深约10米、上下高约17.6米。主尊佛像高达16.8米，着袒右肩袈裟，结跏趺坐，右手举胸施无畏印，左手掌心向上握法衣于膝上，以表达佛法的强大无畏与传承（图1–3）。该坐佛像仅次于第5

图1–3　第19窟主佛

窟高 17.4 米的主尊，是云冈的第二大佛，也是昙曜五佛中最宏大者，象征了北魏帝王的威严。

在第 19 窟的“三窟三佛”造像中，还出现了不同的造像风格和佛装差异。其中最为突出的是两个耳洞，即第 19–1 窟（东耳洞）和第 19–2 窟（西耳洞），与其窟内壁面上既有早期风格，也有中晚期风格的龛像一样，两个耳洞内的倚坐佛也呈现出完全不同的艺术风格：东耳洞佛像披“偏袒右肩”袈裟，衣纹厚重，整体形象古朴雄健，呈现了云冈早期造像风格；西耳洞倚坐佛着“褒衣博带”服装，形态端庄中透出些许秀气，同时其头光中秀骨清像式的人物雕刻及火焰纹样式则明显地呈现出北魏云冈晚期艺术特征。由此表明，在最初的设计雕刻没有完成的前提下，而进行的中晚期续建工程中，虽然宗教上的“三世佛”思想仍依旧如初地被贯彻执行，但人物的造像风格及其服装形式和艺术表达都有所改变。具体地来看：

东侧的第 19–1 窟，面向西南，具窟门、明窗，窟内高约 8.3 米、宽约 7.6 米。窟内正壁倚坐佛像高约 8 米，面相饱满、双肩平齐、身体厚实，着袒右肩服装，与左右两壁斜披络腋的立姿胁侍菩萨一道，形成一佛二菩萨的造像布局。三尊佛菩萨像及窟内雕刻多呈现云冈早期风格，但亦有一些龛像为中晚期作品。

• 关于云冈石窟早、中、晚期的界定。

• 说明：关于云冈早、中、晚三期洞窟造像的分期问题，到现在还没有做细致的工作，目前的分期只是个粗线条的结论。大概的情况是这样，各早期洞窟（昙曜五窟）中，都有中晚期的龛像分布，只是多少不同，也就是说，大洞窟不是一下就能完成，往往是从早期持续到晚期。中期洞窟中的精华洞窟如第 7、8 窟，第 6 窟等没有晚期龛像，但其他中期洞窟中有数量不大的晚期龛像。晚期都是些中小型洞窟，艺术风格完全一致。

图 1-4　第 19-2 窟主佛

西侧的第 19-2 窟，面向东南，洞窟规模与东耳洞相当，可惜窟门、明窗及南侧壁面坍塌，使得身高约 7.9 米的倚坐佛全部暴露在外（图 1-4）。大佛面相方圆、身材伟岸，着覆两肩之褒衣博带服装。洞窟造像亦为一佛二菩萨格局，佛像左侧壁面的立姿胁侍菩萨双肩帔帛交叉于腹部，可惜的是右侧菩萨已随崩塌的壁面消失。这两尊佛菩萨大像以及窟内的很多龛像均呈现出云冈中晚期风格，同时也有部分龛像为早期风格。

3. 第 18 窟主佛及其胁侍佛、菩萨

由于第 18 窟明窗宽大，在窟外即可看到主尊的上半身。洞窟内部为平面椭圆形、穹隆顶，主要造像组合完整、对称严谨（图 1–5）。北壁中央立佛像高约 15.5 米，身披千佛袈裟，气宇轩昂；东、西壁的胁侍佛像对应而立，端庄肃穆，各高 9.5 米，与主尊共同构成了三世佛格局。主佛与胁侍佛之间，是围拱在主佛左右的胁侍菩萨和十大弟子，二菩萨站立在高座之上，通高约 8.5 米；弟子像雕刻在菩萨头肩之上，每面 5 位，上 3 下 2。这种以主尊大佛为中心，两侧胁侍佛、菩萨、弟子对称布局、大小区分、成双成对的组合方式，形成了一幅尊卑有序、构图完整的经典画面，营造出极其神圣、庄严的宗教气氛。

第 18 窟高大的主佛，既是北魏帝国皇祖的象征，同时更表现出佛陀宽宏、博大的形象。其独特的千佛袈裟，身边表情各异的闻法弟子、相对高大的胁侍佛与菩萨，以及重点刻画的阿输迦施土因缘等图像，无不体现法华授记之佛教传承思想。

第 18 窟主尊立佛像，头顶穹隆、脚踏莲台，身材魁梧、雄壮威严，高肉髻、广额头、眉眼细长、鼻梁挺直、大耳垂肩、面相丰圆、端庄慈祥。佛像左手握“法衣”屈肘抚胸，指间有“蹼”，即佛经所谓三十二相之“手足指合缦网”；右下臂断折失缺；双足裸跣，微分八字，立于莲台。佛像身披袒右肩袈裟，质感强烈，且偶有彩绘痕迹。袈裟上千佛环列，衣身为莲坐佛，衣缘为茎莲化生。僧祇支的缘饰为联珠纹和环状忍冬纹带。服装衣襞为低缓阶梯状，整齐轻薄、刻线流畅、紧贴身体，显示出佛像微凸的小腹与粗壮的大腿。腰部以上袈裟的每条衣襞上雕刻禅定坐佛像。佛像左手所握“法衣”的十条衣襞以及佛陀肩膀袈裟的折边上，均雕刻有端坐于带茎莲花的化生童子。无论衣纹曲线如何翻转，成列的千佛、化生始终保持正三角形、平行于地面的稳定坐姿。

图 1-5 第 18 窟内仰视

着千佛袈裟的佛像在云冈仅此一例，十分奇特。其所表达的大乘佛教禅观和礼忏意义突出而鲜明。在大乘佛教艺术中，佛衣或背光上的坐佛都是佛陀的“法身”，这些在佛光中幻现出的无量“化佛”，都是佛陀分身十方世界化度众生的使者。东晋天竺三藏佛陀跋陀罗译《佛说观佛三昧海经》云：“此光入时，佛身毛孔，一毛孔中有一化像；一一化像身毛孔中，化成八万四千妙像，皆是三千大千世界，一切众生所希见事。”又曰：“作是语已，佛身光明益更明显，从佛心端诸光明中生诸宝华。一一宝华，恒沙宝华以为眷属；一一华上，无量无边微妙化佛，方身丈六，如释迦文此相现时。佛身毛孔八万四千诸宝莲华，一一华上八万四千诸大化佛，身量无边。如是化佛身诸毛孔。及心光明，亦如向说。”该经讲述的虚渺世界正是要求禅僧观佛冥想的宗教体验：佛陀身体的每个毛孔都涌现出莲花与化佛，化佛也同样从身体的每个毛孔再释放出化佛，这样多层重叠的佛世界的描绘，可以认为是宇宙无处不在的无数佛世界的普遍性形象。

4. 第 17 窟主像及其胁侍佛

第 17 窟东邻第 16 窟，西接第 18 窟，是云冈早期昙曜五窟中唯一的交脚菩萨大像窟。窟内地面较窟外地面下挖约一米深，依旧保持了开凿时凹凸不平的糙面。北壁为交脚弥勒菩萨大像，东、西壁分别为大型坐佛盝形龛和立佛盝形龛，形成了严格意义上的三世佛组合（图 1–6）：西壁立佛为过去佛，东壁坐佛为现在佛，正壁交脚弥勒为未来佛。

位居洞窟中央的交脚菩萨高约 15.6 米，身形挺直，端坐在须弥狮子座上。菩萨高大身躯之双腿占据了窟内大部分空间。在基准平面以上 3 米的高度，大像近乎圆雕的身体凸出北壁约 5.5 米，距离南壁仅约 2 米；双膝左右间距达到 8.5 米以上，距东、西壁最近处仅为 1.5 米左右。

不同于其他洞窟的三世佛格局，第 17 窟东、西壁的坐佛与立佛都采用了进深较大的盝形龛形式。西壁龛内象征过去佛的立佛，高 6.7 米，佛

图 1–6　第 17 窟三壁三世佛

像高肉髻，面相丰圆饱满，比例适当，着通肩服装，阶梯式衣纹厚重贴体，举右手施无畏印，五指伸展，掌心侧向前，如“佛于大众中说法，泰然无畏之德也”。

东壁龛内象征现在佛的坐佛，高 5.3 米，佛像高肉髻，面相丰润饱满，比例适当，着通肩服装，衣纹厚重贴体。坐佛结跏趺坐，而双手于腹间相会叠加，两拇指尖相对，呈禅定手印。“禅”为思惟静虑而研习，“定”即息虑凝心之境界，是佛教断绝欲念、成就佛道的修行方法。石窟中塑造的禅定佛陀形象主要便于僧俗礼拜、禅观。此龛大型禅定坐佛像保存完整、雕刻细腻、造型优美，是云冈不可多得的艺术珍品。

5. 第 16 窟主佛

第 16 窟位于昙曜五窟东端。洞窟平面呈马蹄形，四壁向上收分，弧合为穹隆顶，东西宽约 12.5 米、南北进深约 8.7 米、上下高约 15.15 米。北壁主尊立佛高约 13.5 米，环壁上部满雕千佛，下壁及明窗、窟门布满北魏不同时期开凿的龛像。与昙曜五窟其他洞窟相比，第 16 窟北壁向北凹进呈弧状，加之主佛像身躯体量雕刻相对较薄，所占空间较小，因此洞窟空间较为宽绰。主尊立佛像颜面长圆、波状螺髻、深目高鼻、面容清

图 1-7　第 16 窟主佛

秀、身材修长，褒衣博带，立于莲花座之上（图 1-7）。佛像年轻英俊，突显出北魏帝王的风采。相较于昙曜五窟其他大像，第 16 窟主佛具有其鲜明的特征：

（1）早期洞窟中，中期造像的身形、衣着变化。与昙曜五窟其他主像的雄浑气象不同，第 16 窟主尊立佛面相、身体略显清瘦，颇具秀骨清风之样，呈现北魏云冈中期风格特点。佛像衣着宽博厚重，衣襞平直呈阶梯状，整体形象呈“A”形，显得宽大而飘逸，与云冈早期佛像之通肩式和袒右肩式袈裟明显不同。对于这种佛装，学术界惯以“褒衣博带”专称，谓之孝文帝太和服制改革后的样式。褒衣博带，是对中国古代传统盛装的形容语，起源可能很早。唐颜师古注："褒，大裾也。言着褒大之衣，广博之带也。"自汉代以来，这种宽衣大带的服饰即为风雅儒士所喜尚。十六国南北朝时，中原士大夫竟因此号称"衣冠华族"。由此推测，该窟虽然开凿于北魏云冈早期，但大像的雕刻一直被推延至太和年间。

（2）波状绥发。云冈石窟的佛像头顶通常只雕出光滑的肉髻。像第 16 窟主尊头顶的波纹状发式，当年必定是要庄严敷彩的。因而直接雕镂出发髻的大型佛像并不多见，这是昙曜五佛中的唯一特例。云冈其余波状绥发的佛陀像，还有第 11 窟西壁的七佛像、第 6 窟的主要佛像以及晚期的个别佛像。其中第 16 窟大佛发髻的雕刻最具立体感，更加接近于犍陀罗艺术的写实精神（图 1-8）。发髻正面中央、上下，各有圆形宝珠和向右旋转的花纹，与佛陀"三十二相"之"毛生上向而右旋"的记述相吻合。

（3）智吉祥手印。第 16 窟主尊之手形雕刻逼真，自然而圆润，右手

图 1-8　（左）第 16 窟主尊立佛头面部和（右）犍陀罗佛陀头像（4 世纪）

上举胸前施无畏印；左手的拇指与中指相捻，无名指弯回，食指与小指微曲，为智吉祥印。释迦经过静虑苦修而觉悟，其智慧进入无上境界，要将自己的法理宣告于世，此乃“智吉祥”。此手印与右手施无畏手印相搭配，构成“释迦说法手印”。

二、中部窟区的大像

中部窟区东西长度 230 余米，有主要洞窟 9 个，即第 5 窟至第 13 窟，其附属洞窟 111 个。该区虽然延长米在三个窟区中最短，但无论是洞窟数量，还是洞窟规模，都是云冈石窟最为集中的区域。中部窟区也是云冈石窟中设计与雕刻最为讲究、最为丰富、最为完美的洞窟群。其中第 5 窟，第 9、10 窟和第 13 窟等四个洞窟的主像均为大像。

1. 第 5 窟主佛及其胁侍佛

第 5 窟为平面椭圆形、穹隆顶式的大像窟。主尊坐佛高 17.4 米，是云冈的第一大佛（图 1–9）。佛像两手交汇于前腹呈禅定手印、结跏趺坐坐于中央，体量占据了窟内的大部分空间，其盘坐的左右两膝距离达 15 米，仅右手中指就长达 2.3 米。佛像从头到脚均敷泥施彩，面部与胸部贴金，螺发与长眉绀蓝（图 1–10），佛装的红色已经暗淡。大衣两裾由双肩垂直落下，飘逸自然；裹腹裤腰中央对称皱褶，齐整美观。服装宽大合体，下垂感强，似以质地优良的丝绸布料做就。大佛巍峨挺拔、器宇轩昂，体现了高超的泥塑水平，是云冈石窟目前发现的包泥施彩中艺术水平较高的一例。此佛像与窟中一些敷泥塑像的臃肿笨拙、猥琐丑陋形成鲜明的对比，显然不属于同一时代的作品。

东、西壁的胁侍立姿佛像均高达 8 米。东壁立佛右手举胸呈说法印。其身后的壁面风化严重，多数雕刻内容早已面目全非，但由于该像的身体

上：图 1-9　第 5 窟主佛
下：图 1-10　第 5 窟主佛面部

全部雕为高浮雕形式，有效地填充了洞窟空间，而使人忽略了其他残缺部分。佛像的头部保存了很好的北魏原来面貌，只是身体部分因后世的包泥施彩而显得非常臃肿。与对称雕刻的东壁立佛像相比较，雕刻于西壁的立佛像就是一个非常舒展而具有较强艺术性的高水平佛像作品了（图 1-11）。其实，在 20 世纪 70 年代之前，此佛像也被包泥施彩所覆盖，在 1974 至 1976 年的云冈“三年工程”中，维修人员在认定了北魏原塑佛像石质部分依旧保存完好后，将清代时所包泥皮剥掉，出水芙蓉般地现出北魏佛像原貌。此佛像肉髻高耸、面相饱满、鼻梁直挺、双耳垂肩、两嘴角微微上翘、白毫相居于眉间，身着褒衣博带服装，左手自然下垂，右手举

图 1-11　第 5 窟西壁胁侍佛

图 1-12　第 9 窟后室主像及其胁侍菩萨

胸作说法印，是典型的北魏云冈中期的代表性作品。

2. 第 9、10 窟主像及其胁侍菩萨

该窟是两个前列柱并具、前后室形制的规范化双窟。大像出现在双窟的后室，第 9 窟北壁为高约 9.8 米的倚坐佛像（图 1-12），东、西壁为高约 5.3 米的立姿胁侍菩萨。三尊像均有后世包泥的留存，从主像腿部脱落泥皮后，露出的业已风化为凹凸不平的石雕观察，其北魏原作应当是中期雕刻风格。

第 10 窟北壁的北魏雕像不存，现有坐佛像为后世新塑作品。从残存的少许头光、身光和其中的坐佛、飞天、火焰纹等雕刻看，曾经的主像应是一尊不低于 9.8 米的大像。东、西壁各为高约 6 米，已有后世包泥施彩的思惟菩萨和倚坐菩萨。以云冈现存双窟主像设置规律推测，第 10 窟北壁大像应是交脚菩萨像，东、西两壁均为思惟菩萨像。其中东壁的胁侍像是云冈现存最高大的思惟菩萨像（图 1-13），虽然身躯大部分被后世的包泥所覆盖，但部分泥皮脱落后，露出的面部及少量肢体形态，都显示出明显的北魏中期艺术风格。

3. 第 13 窟主像

第 13 窟位于云冈中部窟区西端，与昙曜五窟和第 5 窟一样为穹隆顶大像窟。进入洞窟，一尊高约 13.6 米的交脚菩萨端坐其中，他脚踏莲花，头顶穹隆，巨大的身躯占据了整座椭圆形洞窟的大部分空间（图 1-14）。尽管千年的风化剥蚀致使菩萨形体残破，但其高大伟岸的身姿仍然令人震撼和惊叹。其特点有如下列：

（1）造像沿袭了北魏云冈早期艺术风格。尽管第 13 窟开凿于昙曜五窟之后，主像身躯也较第 17 窟大像低了约 2 米，但同样被置于平面椭圆形的穹隆顶洞窟中，在服饰上依然坚持了云冈早期风格：扁平状项圈，胸前有璎珞、龙形装饰，戴有臂钏、腕镯，上身斜披络腋，下身着大裙等。这表明两个洞窟开凿时间上较为接近，营造理念与手法一致。

（2）与七佛像对应的三世佛配置。云冈早期的第 17 窟北壁主像是交脚菩萨，东、西壁分别为坐佛和立佛，三者组合表现了明确的三世佛格局。第 13 窟虽仍以交脚菩萨为主像，但是三世

图 1-13　第 10 窟后室东壁思惟菩萨

图 1-14　第 13 窟主像右臂及其下方的力士

佛思想改由主像与其对应的南壁七佛立像表示。八尊佛像表达的佛教时空概念更为具体、明确。这一造像方式的改变，不仅明确了过去六佛（毗婆尸佛、尸弃佛、毗舍婆佛、拘楼孙佛、拘那含牟尼佛、迦叶佛）的身份，还在强调佛教弥勒信仰。同时，这样布局构造也增加了云冈造像艺术形式的多样性。

（3）妙趣天成的托臂力士。由于主像体型庞大，第 13 窟交脚菩萨大像举起右手做无畏手印的圆雕手臂不可悬空，于是云冈匠师为其量身定制了一位四臂力士来托举巨臂。这一设计简直妙不可言，在稳妥解决了巨大手臂的支撑问题之余，还将弥勒菩萨的伟岸与护法力士的神勇恰如其分地做出夸张表现，既入情入理，又震撼人心。这样的巧思构形明显超越了第 17 窟主像左臂下以束帛柱为支撑的设计。

（4）菩萨脚面上的石核。第13窟大像的敷泥彩绘大约是在清代之前形成的。北魏的原雕被覆盖在泥皮之下。随着时间的推移，局部泥皮脱落，露出石雕本体。20世纪80年代，有人在交脚菩萨脱去泥皮的右脚脚面上发现有棕黑色的石核，其颜色、质地与周围岩石结构截然不同。于是参照《魏书·释老志》记载，推测第13窟主尊就是兴安元年（452）文成帝诏有司制作的“令如帝身”的石像（陆屹峰、员海瑞《云冈石窟开创问题新探》，刊于《中原文物》1988年第1期）。

（5）弥勒光云垂天际。由于水蚀、风化，第13窟主像背后雕刻的光芒大多消失，东侧的火焰纹图案略存，而头冠上方延伸至窟顶的身光和光云则保存完整，并与窟顶的天龙雕刻融为一体。夹在背光火焰纹与二龙雕刻之间的横向连环忍冬纹区域就是光云，这是云冈佛菩萨像中雕刻面积最大、保存最完整的光云图案。

光云，《赞阿弥陀佛偈》曰：“光云无碍如虚空，故佛又号无碍光，一切有碍蒙光泽。”丁福保《佛学大辞典》曰：“佛光被于一切，譬之垂天之云。”虽然云冈大部分佛像背光之上没有雕出光云，但所谓“垂天之云”还是出现在第17窟、第13窟、第12窟和第9、10窟的一些佛菩萨像的背光上方。这些佛菩萨像之舟形背光或圆形头光上方，涌现出云朵状的光云（或光晕），犹如正在升起的半环天幕。云冈佛像头顶的光云大多为素面，只有第13窟交脚菩萨主尊、第7窟后室上层龛内交脚菩萨和第10窟后室东壁思惟菩萨的光云内置连环忍冬纹作为装饰，更显华丽辉煌。

三、曾经的大佛

这里要介绍的大佛亦即北魏云冈时代所雕大佛因风化已然坍塌，仅残存痕迹的大佛。目前所知有两处此类现象，一是第14窟主像，二是第20

窟西胁侍佛。

1. 第 14 窟北壁主像

第 14 窟是云冈石窟风化最严重的洞窟之一。积年的后山渗水已使壁面坑洼不平而惨不忍睹，原来的艺术雕刻早已漫漶不存了。1993 年，在对第 14 窟内部地面的考古发掘中，将严重风化的北壁之前的沙土清理后，地面中央出现了一双大脚，脚后的壁面上显露出双腿间下垂的三角状衣襞，其上略显凸起的下半身轮廓也更明确。随着揭露面积地扩大，一个高逾 0.3 米、东西直径约 3.2 米、南北半径约 2 米的高浮雕莲花台面跃然而出。顺着北壁向上观察，依稀可见在穹隆顶北侧左右均残存有身光火焰纹轮廓。由此可知，这里曾经立有一尊高 7.5 米以上的立姿佛像（图 1–15）。结合北壁两侧转角处突出的石胎，及其地面向上两米多残存的桃形头光，可推测该洞窟的主像应是一佛二菩萨组合。

2. 第 20 窟西胁侍佛

露天大佛两侧原本各有立佛，但今天仅有东壁一佛独立，西壁的形象早已坍塌无形，仅残留圆形头光和赤裸的双足及莲台（图 1–16）。在 1992

右：图 1–16　第 20 窟西立佛残存

左：图 1–15　第 14 窟北壁立佛像残留

图 1-17　第 20 窟西立佛残块拼接图

年 4 月的窟前考古发掘中，于第 20 窟西侧坡地的探方内发现了 133 块石块残件。这些石块大小不一，表面常常出现衣纹雕刻，形状大多为长方形，表面残留土红色。其衣纹雕刻采用阴、阳刻结合的手法，线条流畅、纹理清晰，与第 20 窟东立佛衣纹相仿，大约是早已消失的西立佛的崩塌物。同时发现，出土的这些有衣纹的石块大小适合人工搬运。石块横向上下约 17 层，每层高度在 25—35 厘米之间，而同层的高度几乎相同，各层之间上下错缝。衣纹石内层是与山体连接的过渡石块，其形状多样，边上有大小不等、深浅不一的银锭形卯口。种种迹象表明，在北魏时西立佛就已塌毁，随之进行的修复工程经过了周密计划和审慎地实施，力求使重新垒砌的石块严丝合缝，从而使大佛形象完整如初。不想这一设想及其施工并未成功，百十块雕刻衣纹的方石再次坍塌，出于无奈只能就地掩埋。

2014 年，云冈研究所终于完成了第 20 窟西立佛衣纹残块的拼接工作（图 1–17），拼接好的残块与现场残留立佛痕迹相对应，推断这应是一尊高约 9.5 米的大佛。这样的考古发现及其后续的工作过程，对我们探索第 20 窟坍塌的原因，展示西立佛的真容，了解北魏匠师抢救、修复大型造像的工程技术等均有裨益。这无疑是一次跨越千年、令我们终生难忘的非凡经历和古今对话。

四、后北魏时代雕刻的大像

这里所说的后北魏时代雕刻的大像，主要指的是第 3 窟后室的一佛二菩萨雕刻，即所谓“西方三圣”之大型造像。三尊大像的面部、形体丰满圆润（图 1–18）。高约 10 米的主尊倚坐佛像肉髻高耸、面相方圆、五官端正、眼大耳阔、两眉间白毫鲜明；身姿挺拔，比例协调；通肩式袈裟紧贴身躯，衣纹雕刻为较浅的阶梯式样；厚实圆润的双手做无畏、与愿印。

图 1-18　第 3 窟后室一佛二菩萨

左、右两侧高达 5.7 米的二立姿胁侍菩萨，除具有与主佛像同样的面容、形体特征外，其菩萨装扮亦引人注目：头顶发髻高耸，发丝根根有序；头发成缕，散披两肩；宝冠雕刻精细入微，兽面、宝瓶、花朵、纹饰等显示了严谨的设计思想和成熟的雕刻技艺；菩萨衣着贴体，胸部袒露，小腹微凸，肩披络腋，雕刻技法为平直阶梯与凸起衣纹相结合的形式。总之，此一佛二菩萨像较之云冈其他造像更加丰满圆润，尤其是面部五官、手臂等位置的外廓雕刻尽显圆润肥美之能事，而克服一切锐角情形，在艺术表现上明显区别于云冈其他造像。

虽然，在第 3 窟后室的一佛二菩萨造像中一些塑造手法存有北魏佛教造像元素，但更具有流行于后世朝代的艺术风韵。其风格特征更加接近于北齐乃至隋唐之后的中国佛教造像。

二看弥勒

the second
angle of view
yungang grottoes

弥勒是佛教艺术的主要塑造对象之一。佛经说，弥勒“生于兜率天内院。彼经四千岁（即人中五十六亿七千岁）下生人间，于华林园龙华树下成正觉，初过去之弥勒，值佛而修得慈心三昧……”所以，弥勒就是兜率天弥勒净土的弥勒。不仅弥勒净土是佛教信仰者（在家或出家的人们）向往的地方，而且弥勒也成为能给人们带来幸福生活的神明。弥勒的下世，可以使“一种七收”“雨润和适”。所以人们对弥勒的供养非常重视。很多经论中都把弥勒当作一个菩萨，而且是一个“功行满足，位登十地”的正觉菩萨。正觉菩萨与佛非常接近，一转就成佛了，因此弥勒也被称为“未来弥勒佛”。《大智度论·卷四·菩萨释论》这样叙述：“过去久远，有佛名弗沙，时有二菩萨：一名释迦牟尼，一名弥勒。弗沙佛欲观释迦牟尼菩萨心纯淑未，即观见之，知其心未纯淑。而诸弟子心皆纯淑。又弥勒菩萨心已纯淑，而弟子未纯淑。是时弗沙佛，如是思惟，一人之心，易可速化，众人之心，难可疾治。如是思惟竟，弗沙佛欲使释迦牟尼菩萨疾得成佛，上雪山上，于宝窟中入火定……”佛经还说，释迦牟尼成佛而入涅槃后，就是弥勒成佛出世。“见在贤劫成二十小劫……第九小劫……第四释迦牟尼佛出世……减至八十六岁时，尽正法……第十小劫，减至八万岁时，第五弥勒佛出世。”佛经还叙述了释迦牟尼教导人们供养礼拜弥勒菩萨之好处：“我（释迦牟尼）灭度后，四众八部，闻名礼拜，命终往生兜率天中，若有男女犯诸禁戒，造众恶业，闻是菩萨大悲名字，五体投地，诚心忏悔，一切恶业，速得清净。”

为指导人们庄严供养弥勒，《观弥勒菩萨上生兜率天经》说：“未来世中，诸众生等，闻是菩萨大悲名称，造立形像，香花衣服，缯盖幢幡，礼拜系念，此人命欲终时，弥勒菩萨放眉间白毫大人相光，与诸天子雨曼陀罗花，来迎此人，此人须臾即得往生。”由于弥勒还未出世，尚在兜率天宫补处菩萨院，所以弥勒造像应是着菩萨装。但在云冈石窟，虽然多数弥勒造像被塑造为菩萨像，但在佛教“末法”思想的影响下，亦出现了不少将弥勒塑造为佛像的情形。

佛教弥勒信仰是在两晋时期随着弥勒经典的译出而开始流行的。自从西晋竺法护译出《弥勒下生经》后，鸠摩罗什、沮渠京声等又相继译出多种弥勒经典，于是便逐渐出现弥勒的信仰者。到云冈大规模营造的5世纪至6世纪，佛教弥勒信仰更加浓重。“三世佛”中代表未来佛的弥勒，俨然成为人们企望来世幸福的可靠保障。将佛教奉为国教的封建统治者，也以弥勒信仰为信条，来企盼皇权的永续。如此背景下，作为皇家石窟的云冈就塑造了数量大且形式多样的弥勒像。在第1至第20窟20个主要洞窟中，以弥勒为主像者达到13个。与此同时，在各个洞窟中均出现了大量根据经典佛经论述而塑造的弥勒形象。研究表明，云冈石窟的弥勒像是以交脚菩萨及思惟菩萨、交脚佛和倚坐佛四种形态表现。据统计，云冈石窟254个洞窟中有110个洞窟保存各类弥勒像798尊，其中交脚菩萨357尊、思惟菩萨231尊、交脚佛17尊、倚坐佛193尊。即是说，云冈现存弥勒形象虽然既有菩萨像，也有佛像，但以菩萨像为主。

一、弥勒菩萨

弥勒菩萨即是以头戴宝冠、身穿菩萨装为特征的弥勒像。正如前面佛经所记载，此时由于弥勒还未出世，尚在兜率天宫补处菩萨院，所以弥勒造像应是着菩萨装。云冈石窟大量弥勒造像正是在以上思想指导下产生的。

1. 交脚菩萨

作为佛教意义上的正觉菩萨，交脚菩萨往往被作为主像安置于洞窟正壁或龛式中央。其装饰亦与佛陀一样隆重，既有圆形头光，也有舟形背光，并且有华丽的盝形龛加以装饰，以象征弥勒所在之兜率天宫。第 6 窟中心塔柱东面下层（图 2–1）和西壁中层南端的交脚菩萨盝形龛最具代表性。菩萨像的交脚坐姿和双手共结说法手印两个特征在诸多弥勒造像中皆有表现，成为共同的特点，我们分别来看：

图 2–1　第 6 窟中心塔柱东面下层交脚菩萨

（1）交脚坐姿。交脚坐姿在佛经中又称为“莲华跏趺坐”。工布查布《造像量度经》对此这样阐述：“两足少展而足胫左上右下，相交于二膝下者，谓之莲华跏趺。”在云冈，这种坐姿多被赋予弥勒，无论佛像的交脚，还是菩萨的交脚，表现的均是弥勒。其中交脚菩萨多达 357 余尊，成为云冈常见造像之一。

（2）说法手印。讲述佛教世界观就是说法。

佛教将说法视为最重要和最神圣的事情。《法华经》曰："众圣之王说法教化"，即指佛陀向众生说法的行为。《法华玄义·六》曰："诸法不可示，言辞相寂灭，有因缘故亦可说。"说法中的"三轨"（真性轨、观照轨、资成轨）、"五德"（得"长德"而"不杀生"；得"大富"而"不盗窃"；得"端正"而"求和睦"；得"名誉"而"皈依三宝"；得"聪明"而"产生妙慧"）成为传播佛教有效的方法。因此，无论佛教理论，还是佛教艺术，均很重视对说法的宣传和表现。说法手印的设计和运用就是例证。丁福保《佛学大辞典》"说法印"条总结了三种"说法手印"的结法："一，左右手各捻其无名指与拇指之指头，余指舒散，左手仰于心前，右手覆于其上，而勿使相着；二，捻两手中指与拇指，无名指与头指散而稍曲，使小指直立，横左手按于胸上，竖右手安于乳；三，捻两手头指与拇指，中、无名、小三指并舒，左手仰掌，安于胸上，以右手腕着于中指等头，以掌向外。"以上三种不同结法的说法手印，被次第分为"化报法三身说法之相"。

图 2-2　第 6 窟中心塔柱东面下层龛内菩萨双手结说法手印

在云冈石窟的造像中，虽然佛陀说法的场面非常普遍，但没有双手共结说法手印者，仅以无畏印和与愿印表示，以此表达“佛于大众中说法，泰然无畏之德也”的情怀。以此相较，将说法印赋予弥勒菩萨的身上（图2–2），再次彰显了弥勒在“三世佛”中的重要地位。

● 说明：云冈的双手结说法手印没有出现在佛陀像中，只出现在交脚菩萨像中。这一现象非常重要！即，将说法手印赋予未来的弥勒，是北魏云冈佛教弥勒信仰的重要体现之一。

2. 交脚菩萨及其两侧的思惟菩萨

这是一种云冈常见的“弥勒三像”组合，即交脚菩萨为主像，两侧胁侍为对称形式舒相坐（或曰半跏坐）菩萨像。这种造像组合往往以盝形龛装饰，贯穿了从早期到晚期的整个云冈时代。这种组合是为一种强化大乘佛教“弥勒决疑”的造像形式（关于龛像视角：以龛像的左右为准，正好与我们看图的左右相反）以第11窟中心塔柱南面上层弥勒三像为例（图2–3）：左手抚

图2-3 第11窟中心塔柱南面上层弥勒三像

膝、右手结手印于胸前的交脚弥勒菩萨端坐方座上；左侧胁侍菩萨以右手指抚腮，左手抚右腿，左腿垂地做左舒相坐于束帛座上；右侧胁侍菩萨以左手指抚腮，右手抚左腿，右腿垂地做右舒相坐于束帛座上。毫无疑问，中间的交脚菩萨是为弥勒，他已然是住在兜率天宫内院的补处菩萨。两侧的思惟菩萨亦应是所谓“思惟成佛”的弥勒。

决疑，亦即解决疑难问题、判断疑案。例如汤用彤所著《汉魏两晋南北朝佛教史》第二十章引用经文：“嵩在建业，常诣真谛之弟子法泰决疑。”在佛教中，决疑多指弥勒决疑，即许多修佛者在有佛法疑难问题不能自决时，常于定中上升到兜率天宫向弥勒菩萨请教。同时，这个词也较早出现在中国古代典籍中。《左传·桓公十一年》：“卜以决疑，不疑何卜？”《鹖冠子·天则》：“圣王者有听微决疑之道。”《史记·循吏列传》：“公以臣能听微决疑，故使为理。”司马贞索隐：“言能听察微理，以决疑狱。”唐代白居易《答卜者》诗：“知君善《易》者，问我决疑不。”明代刘基《郁离子·枸橼》：“夫使所以达主命，释仇讲好，决疑解纷。”

3. 欲起弥勒

这里将要讲述的欲起弥勒，即是云冈特殊的弥勒菩萨造像形式——似交脚菩萨分开双腿即欲起立的形象。此造像出现在第 18 窟明窗西壁上。这是一面塑造了几个同样龛式、主像同为弥勒菩萨的壁面（图 2-4）。此特殊造像位于壁面南侧，由于处于最外侧，常年经历风吹雨打，这个龛式造像风化严重。三间式盝形龛，左侧梢间已然毁坏，明间左侧亦不完整，主像头部风化，只存高浮雕宝冠及头像轮廓，面部五官模糊不清。菩萨身躯左侧虽风化严重，却可见身姿挺拔，两侧溜肩，双翘角帔帛披于上身，下系长裙。双手手臂部分风化，但见左手抚于左膝，右手臂上举。左右两下肢稍许分开，左下右上做欲交脚而未交脚状，与云冈大量交脚菩萨姿势形成鲜明的不同。这一特殊造像形式塑造了一个具有极强动感的弥勒菩

左：图 2-4　第 18 窟明窗西壁晚期弥勒龛
右：图 2-5　第 5 窟南壁东侧中层晚期盝形龛

萨，亦即弥勒将要起身离去的形象。显然，这是云冈艺术家的创造，代表了北魏中期佛教意识形态中期盼弥勒下世，为世间带来幸福生活的渴望。

欲起弥勒形象在云冈西部晚期小型洞窟中的壁面上还有不同程度的表现，形式多样，有的还将其雕刻在三间龛式的两个梢间内，形成对称格局（图 2-5）。

二、弥勒佛

弥勒佛在佛教“三世佛”思想中代表未来，是为未来佛。在云冈，常以交脚菩萨的形象与过去佛（经常以立佛表示）、现在佛（常以坐佛表示）同时配置，以表示“三世佛”的宗教含义。云冈石窟中虽然大量的弥勒像是以菩萨面貌出现的，但在佛教“末法”思想影响下，云冈石窟亦出现了弥勒佛的塑造。那些头顶肉髻、身披袈裟而呈交脚或倚坐的佛像，就是弥勒“下生”成佛后的形象。

1. 交脚佛

云冈所塑交脚佛的数量虽然不大，但塑造得严谨规范，极具计划性特征。在第 7、8 窟后室东、西壁中层（图 2–6），第 9 窟前室西壁和第 10 窟前室东壁上层龛内出现的交脚佛像（图 2–7），均是双为对称设计的形象。第 12 窟前室西壁中层屋形龛内和后室东壁中层南侧的圆拱龛内，也都塑造了交脚弥勒佛像，亦是一种在艺术上具有对称性的雕刻布局。

此外，在第 32–5 窟和第 39 窟等洞窟也都塑造了顶上有肉髻、身披袈裟的交脚弥勒佛像。而在第 5 窟西壁上层北侧，更出现了一尊身着菩萨装的交脚佛（图 2–8）。圆拱龛内，交脚佛肉髻高耸，面相饱满方圆，身姿挺拔，上身交叉帔帛之两侧上翘于双臂，下身系长裙，跣脚坐于狮子座上。此种着菩萨装的佛像，虽然在云冈只发现此一例，但因其置于大型洞窟之中，显然有其雕刻依据，而不是贸然之作。

作为大乘佛教的主角，弥勒是居住在兜率天宫内院的补处菩萨。然而作为未来佛，弥勒的下凡成佛，可以使“一种七收”“雨润和适”，有着下界降吉祥的寓意。因此，人们期盼他早日成佛救世。在云冈，虽以着菩萨装的弥勒为主，但也有不少于 17 处弥勒佛的出现。但着菩萨装的弥勒佛则只此一例。或许是雕刻设计者为表达弥勒在芸芸众生的请求下，来不及更换衣服就急匆匆下凡救世的心情；也或许是当时的宗教艺术创作本着大乘法中佛与菩萨关联的理念，将弥勒既是菩萨，又一定是佛的特点，在这里交叉而隆重地表现了一番。

2. 倚坐佛

云冈石窟中呈倚坐姿势的佛像接近 200 尊，虽不及弥勒菩萨数量大，

上：图 2-6　第 7 窟后室西壁中层交脚佛
中：图 2-7　第 10 窟前室东壁上层交脚佛屋形龛
下：图 2-8　第 5 窟西壁上层北侧交脚佛

但较数量更小的交脚佛还是多了不少，当是弥勒佛常见的塑造方式。倚坐，即是善跏趺坐，是为两足下垂，小腿与大腿呈 90° 角而坐的坐姿。工布查布《造像量度经》：“坐高座而两足下伸者，谓之善跏趺。”在云冈，头顶肉髻、身披袈裟、呈倚坐姿势者，是为弥勒佛。除弥勒佛像外，呈倚坐姿势者还有天人、弟子等形象。

在北魏云冈佛像的塑造配置中，较少见到倚坐佛单独出现的情形。无论在洞窟中，还是在壁面龛式配置中，作为弥勒佛的倚坐佛像常常与交脚菩萨及其两侧的思惟菩萨搭配出现。

这样的配置在表示弥勒时空特征的同时，还表达信众企盼弥勒早日下凡救世的心境。这种配置最典型的莫过于第 6 窟和第 7、8 窟与第 9、10 窟两组双窟了。其中第 6 窟中心塔柱西面下层的倚坐佛（图 2–9）是与塔柱东面下层的交脚菩萨（见图 2–1）相搭配出现的。倚坐佛与交脚菩萨搭配出现在双窟中的形式则有不同。在第 7、8 窟他们是以洞窟主像形态出现的。两种形象都出现在后室北壁上层的盝形龛内，龛内中央的交脚菩萨与倚坐佛分别作为第 7 窟和第 8 窟的主像和胁侍（图 2–10）。这当是一种

左：图 2–9　第 6 窟中心塔柱西面下层倚坐佛
右：图 2–10　第 8 窟后室北壁上层弥勒五像龛

以互换主像及胁侍从而表达同一佛教思想的呈现形式。在第 9、10 双窟，第 9 窟前室北壁窟门两侧的盝形龛内为交脚菩萨，而在第 10 窟相同位置的龛内则是倚坐佛（图 2-11）。以上三种交脚菩萨和倚坐佛的相互搭配形式，既突出宗教弥勒信仰主题，又彰显龛像变化的艺术设计，是云冈洞窟特别是双窟龛像配置最为突出的成就之一。

当然，这种配置更普遍地出现在云冈晚期洞窟壁面的龛像配置中，并且一改同龛造像设计的横向排列，而布局为上下左右的壁面整体性设计。如第 27 窟、第 29 窟（图 2-12）和第 30 窟正壁横三纵二的龛像布局中，均是交脚菩萨与倚坐佛或左右、或上下地间隔配置。第 29 窟的上层中央

左：图 2-11　第 10 窟前室北壁东侧倚坐佛
中：图 2-12　第 29 窟北壁龛像
右：图 2-13　第 29 窟北壁弥勒三像

龛，还出现了倚坐佛为主佛与思惟菩萨为胁侍的配置（图 2-13），进一步阐释了倚坐佛为弥勒佛的云冈弥勒设计思想。

此外，我们特别注意到，在第 12 窟前室西壁中层三间式屋形龛中，还出现了倚坐佛与交脚佛的同龛配置，即明间雕刻交脚佛，两梢间对称安

图 2-14　第 12 窟前室西壁
中层屋形龛内弥勒像

排倚坐佛（图 2-14）。这是一种全新的弥勒佛搭配，描绘了弥勒下凡成佛后的盛况。这个云冈唯一的弥勒佛并列组合，以华丽的中国式屋形龛为装饰。同时，龛内各间坐佛上方雕刻了手牵瓔珞的化生和飞天队列，还在斗拱和屋顶脊上分别雕刻了卧狮、兽面和金翅鸟，热烈气氛中的护法意义得以充分表达。

三、三世佛中的弥勒像

十方三世一切诸佛是大乘佛教的宇宙时空理念，也是云冈石窟始终坚持的艺术创作思想。所谓三世佛，即过去、现在和未来三佛，是云冈所有洞窟表现的主题。过去佛名目繁多，却都代表着一段历史，并且昭示出今天与明天的佛法传承关系。现在佛释迦牟尼，是当今如来、佛教教主，最为崇高。未来佛弥勒菩萨是释迦佛的继承者，将来美好世界的主宰。无论是早期昙曜五窟的佛菩萨大像，还是中期弥勒天宫洞窟的描述，以至于晚期中小型窟龛的纷繁，三世佛主题轴线从来不曾改变。云冈有大像窟的三世佛，也有方形洞窟的三壁三世佛，还有以龛像组合为单位的三世佛雕刻。

毋庸置疑的是在北魏佛教的三世佛理念中，未来弥勒占有重要地位。这似乎也受到西方佛教石雕思想的影响。一件据称产生于3—4世纪，被称为“佛钵供养”的犍陀罗艺术作品中，交脚菩萨双手叠掌抚胸端坐于三间式盝形龛的明间，两个梢间内各有立姿人物（图2-15）。俨然，早在

图2-15 犍陀罗艺术石雕交脚弥勒

犍陀罗时代就出现了将弥勒塑造为交脚坐式的艺术造像。其宗教背景当是社会意识形态中的佛教弥勒信仰。与此同时，随着弥勒经典的译出，从两晋时代起，弥勒信仰开始在中国流行。自从西晋竺法护译出《弥勒下生经》后，鸠摩罗什、沮渠京声等又相继译出多种弥勒经典，于是便逐渐出现弥勒的信仰者。根据目前的资料，汉地最早的弥勒信仰者应该是活跃在公元 4 世纪佛教界的释道安。之后，弥勒信仰在中国迅速流行，成为中国早期最为流行的净土法门。同时，在 5 世纪北朝社会开始大量出现弥勒造像，"龙华三会"与"忏悔灭罪"成为造像题记发愿文中的主题。作为北魏皇家石窟寺院的云冈石窟，雕刻出数量庞大的弥勒造像就是很自然的事情了。

1. 大像窟中的三世佛

将三世佛以三尊并列佛像作为洞窟主要表现题材，最突出的出现在大型椭圆形洞窟中，如昙曜五窟和第 5 窟、第 13 窟、第 17 窟等大型洞窟。但各座洞窟中所雕刻的三世佛又有不同的形式。其中第 17 窟和第 13 窟的三世佛主题最为明确突出，但亦形式不同。在佛教弥勒信仰思想主导下，两个洞窟的主像均是交脚菩萨表示为未来佛，但过去佛与现在佛的表达各有不同：第 17 窟东壁盝形龛内坐佛表示现在佛，西壁盝形龛内立佛表示过去佛（见图 1–6）；第 13 窟的过去佛和现在佛则是以南壁的过去六佛和现在佛等七佛立像表示的。大型洞窟中两种不同的三世佛表现形式都被后来出现的中小洞窟所采用。

2. 小型洞窟中的三壁三世佛

第 17 窟的三壁三世佛形式，在云冈晚期洞窟中被广泛采用。尤其是小型洞窟中出现了数量更多、形式类似的三世佛造像。这些洞窟的正壁和两侧壁各雕一像（或一组形象），构成了三世佛主题。中部窟区的 14 个洞窟、西部窟区的 5 个洞窟俱为可以辨识的三壁三世佛格局。这些表达三世佛思想的洞窟布局，正壁一般都是坐佛，两侧壁有的为坐佛，有的为立佛，还有的为坐佛和交脚菩萨或倚坐佛；个别洞窟正壁为交脚菩萨，两侧壁为坐佛。耐人寻味的是第13-16窟的造像组合（图2-16）：西壁并列阿输迦施土和儒童本生两组立佛像，都是过去佛；北壁圆拱龛内坐佛像居中，两厢分立菩萨，应是现在佛；东壁盝形龛内为交脚菩萨，旁侧为立菩萨，当然是未来佛。这里，将不同佛教故事中的两位过去佛并列表现，大约一则为了布满西壁，与东壁盝形龛像基本等量对称；二则具有创新意义，强调了两位过去佛的辩证统一。显然，这些犍陀罗时期已经定型的过去佛形象，在云冈时代有了新的继承和发展，既可以单独呈现，也可以联合演绎，丝毫无损大乘佛学精神。

● 阿输迦施土，即阿输迦施土因缘，主要讲三小儿对佛因施供养而得善报的故事。详见《五看因缘》中“阿输迦施土因缘”内容。

● 儒童本生，即儒童本生故事，讲述释迦前世为少年修行者时，逢定光佛宣扬佛法，即买花献佛，他看到地上泥泞，就俯下身，将自己头发铺在淤泥之上，佛踩着走过。详见《四看本生》中“儒童本生”内容。

当然，三壁三世佛的龛像表现也不尽相同：有的三壁均做龛式造像；有的三壁俱为无龛式造像（图2-17）；还有的三壁为龛式造像与无龛式造像相结合，例如第5-10窟、第5-11窟和第13-22窟，北壁主像没有佛龛，东、西壁造像则俱在龛中，可谓表现方式多种多样、不落俗套。这些多元化的呈现形式体现了云冈晚期石窟追求艺术变化的特点。同时，不少三世佛洞窟实际是云冈早中期造像形式的翻版或变异，如第13-6窟和第39窟窟门西壁小窟这两个洞窟，正壁为坐佛，两侧壁分别为立菩萨与立佛。这种三佛二菩萨的组合，明显借鉴了早期第18窟，特别是第20窟和中期第5窟的主像构成原则，只是晚期

图 2-16　第 13-16 窟三壁布局龛式造像

图 2-17　第 13-16 窟三壁布局无龛式造像

所塑造的胁侍菩萨的高度上升到与过去、未来二佛一样。

3. 以龛像组合为单位的三世佛雕刻

这一组合形式即是由两个龛像组成的三世佛组合，有两种形式较为普遍。一是二佛并坐龛与交脚菩萨龛的组合。二佛并坐是根据《妙法莲华经·见宝塔品》塑造的形象，是为过去多宝佛与现在释迦佛并坐宝塔中，宣讲大乘法华的形象，当是过去佛和现在佛的造像。交脚菩萨是兜率天宫内院的补处菩萨，释迦涅槃后而成道的未来佛。这两种龛像组合为三世佛。二是七佛立像与交脚弥勒龛的组合。七佛像为过去六佛和现在佛的组合，再与未来弥勒相组合，构成三世佛。

图 2-18 第 7 窟后室北壁龛像组合

（1）二佛并坐龛与交脚菩萨龛的组合。这一组合最早的形象出现在第 7 窟后室北壁，上下两层各为弥勒龛和二佛并坐龛（图 2-18），开创了二佛并坐龛与弥勒龛组合以表示三世佛的先河。尽管壁面风化严重，但我们还是从残存的图像中看到了雕刻设计的严谨及其装饰图案的繁缛。下层圆拱龛内交脚像和两侧倚坐像组合，俨然是未来诸佛的彰显。龛楣上方飞天列队手牵璎珞，以体现教法供养与艺术装饰的双重功用。上层的弥勒五像盝形龛内容更加丰富：龛内弥勒五像齐聚一堂，面貌凶悍、动作

● 紧那罗，佛教天神名。义译为疑神、人非人。似人而头上有角。为天帝歌神，能歌善舞。

● 乾闼婆，梵语 Gandhara 的译音，佛教天神名。佛经中经常提到的一类乐神。

轻巧的天夜叉托举帷幔，龛楣格内紧那罗（舞伎）漫天劲舞，龛上方乾闼婆（乐伎）尽情奏乐，好一个佛教弥勒兜率天盛景。类似的洞窟正壁主像布局，还出现在第 5–4 窟、第 12 窟后室和第 15 窟三洞窟的北壁。龛像布局的进一步变化出现在第 9、10 窟双洞窟的前室北壁。四组三世佛不仅将二佛并坐龛与弥勒龛做出上下位置的置换，还出现了交脚菩萨与倚坐佛的洞窟区分，开辟了三世佛龛式组合的新形式。

除出现在正壁外，交脚菩萨龛与二佛并坐龛上下组合表示三世佛的形式，还出现在不少洞窟的其他壁面上。其中著名的云冈惠定造像龛（图 2–19），就是一个上为交脚菩萨盝形龛，下为二佛并坐圆拱龛的组合龛式。组合龛下的造像铭记这样记述："比丘尼惠定身遇重患，发愿造释迦、多宝、弥勒像三区。愿患消除，愿现世安稳，戒行猛利，道心日增，誓不退转。以此造像功德，逮及七世父母、累劫诸师、无边众生后，咸同斯庆。"由此说明，当佛教石窟的开凿由皇室、贵族扩大至普通社会佛教组织，再由这些组织进一步扩大至更加广泛的僧俗民众后，佛教信仰也变得越来越个性化、私人化，通过雕刻佛菩萨像来表达自身追求与愿望，成为普遍现象。而这些具有个性特点的诉求，正好与佛典中对弥勒下世降吉祥的描述产

图 2–19　第 17 窟明窗东壁『惠定造像』

生了共鸣。

与此同时，第 12 窟前室东壁，乃至布满各类龛式的第 11 窟和第 13 窟等洞窟的壁面上，也都有装饰绚丽的此种龛像组合，最为突出的是第 11 窟南壁的两组图像。一是南壁中层西侧的组合龛（图 2-20），组合龛两侧的胡跪供养天人列像将上下龛合为一体，顶上是天宫伎乐，上下龛间为飞天伎乐，最下层是供养天人列像。上龛交脚菩萨两侧有千佛列龛，龛楣两上隅雕有飞天；下龛二佛并坐，两侧有胁侍菩萨，藤蔓式忍冬生出化生见于龛楣面上，众供养天人列队于楣外左右两隅。二是南壁中层西侧的组合龛（图 2-21），组合龛两侧有力士托举的双塔，这是此组图像最为突出的完整性设计。装饰意味与涅槃意义双重表达，不能不说是一种高明的雕刻创意。最引人注意的是传统上装饰交脚菩萨的盝形龛已然更换为中国式的屋形龛了。这一充满华夏风格的建筑，不仅见证了佛教石窟寺中国因素的介入，还使佛教兜率天宫出现了中国样式。位于最下层的龛前 4 位供养者表明，此龛像出资雕像者为寺院僧人。

当然，交脚菩萨龛与二佛并坐龛上下组合为三世佛的壁面格局，亦被晚期洞窟所继承，第 35 窟窟门东壁和第 26 窟东壁的图像就是两个最具代表性的例子。

（2）交脚菩萨龛与七佛立像的组合。此种组合仅见一例，出现在云冈晚期的第 36-2 窟正壁（图

● 胡跪供养天人，供养天人是佛教人物中的一种，是为做供养状的天人形象。云冈石窟的供养天人形象经常雕刻于佛像龛楣中或龛楣上方两侧，同时在一些洞窟的东、西两壁第二层，常以通栏形式将供养天人对称排列。供养天人是云冈石窟壁面中常见的佛教人物形象，几乎所有洞窟都有他的雕刻，总共大约 6000 身，是云冈石窟雕刻的供养者中数量最多的一种。无论表现在龛楣中和龛楣上两侧，还是以单一形态（不出现其他形象）出现的供养天人形象，大都是以群像的形式出现的。这种形象没有菩萨的宝冠，只是将头发高高束起打结，着紧身服装，多数佩以飘带，并多以"踞左足，蹲右足，单膝着地"的胡跪姿势出现。站立状的供养天人形象则一般出现在龛楣上侧及两角。

上：图 2-20　第 11 窟南壁中层西侧组合龛
下：图 2-21　第 11 窟南壁中层西侧组合龛

2-22），千佛像的映衬使两者的形象更为突出明显。过去六佛与现在佛组成的七佛立像，依旧沿袭了第 11 窟、第 13 窟的褒衣博带式风貌，而上方的交脚菩萨方形龛则出现了内容和形式上的双重变化：形式上，五方龛组合单元，当是服务于弥勒信仰实际需求的设计；内容上，不仅在交脚菩萨两侧的方形龛中雕刻了胁侍菩萨，更在上方的两个方形龛中出现了倚坐佛像，这种既有交脚菩萨，又现倚坐佛的弥勒渲染，成为云冈弥勒信仰盛行的又一例证。

图 2-22　第 36-2 窟全景

三看佛传

the THIRD
angle of view
YUNGANG GROTTOES

佛传 即佛经故事的一种，亦为佛本行故事。所谓“本行”，丁福保《佛学大辞典》这样定义：“本来所修之行法也，又为成佛之因之根本行法也。”通俗地说，就是关于佛教创始人释迦牟尼生平事迹的记载。将佛教创始人释迦牟尼生平事迹介绍给人民大众，是所有佛教艺术最为热衷的事情。早在佛陀的形象还未产生时，佛传故事就已成为佛教艺术表现的重要内容。佛陀形象产生后，在印度及其犍陀罗艺术、马土拉艺术中，均创造了成组的佛传故事图，将释迦牟尼一生最重要阶段的事迹合成四相或五相一组的雕刻画面进行集中表现，多出现“诞生”“降魔成道”“初转法轮”和“涅槃”等内容。从此以后，以画面形式讲述佛陀故事成为潮流，被世界各地佛教信众广泛使用。

公元5世纪开始，世界进入了第二次石窟艺术的繁荣阶段。在印度、阿富汗、巴基斯坦以及中国的佛教石窟寺中，出现了系列表现佛传故事的形式，其中云冈石窟雕刻的佛传故事规模最大，表现较为充分。目前云冈石窟雕刻佛本行故事的洞窟有第2窟，第6窟，第7、8窟，第12窟，第32–3窟，第33–3窟，第37窟，第38窟，第41窟等10个洞窟，可辨认的画面约有38种90余幅，其中第6窟的图像数量大、形式多，最为引人注目。

一、出生及成长

公元前 6 世纪时，迦毗罗卫国（印度次大陆佛陀时代国家，释迦牟尼佛的故国。）净饭王娶拘利国善觉王之妹摩诃摩耶为王后，在夫妇俩分别五十多岁和四十多岁时生下了释迦牟尼。释迦牟尼是佛教徒对他的尊称，含义是释迦族的圣人。他本姓乔答摩，名悉达多。而佛经中则将释迦牟尼的出生及以后的事迹增添上了神话色彩。

在云冈第 6 窟中心塔柱下层四面的造像龛两侧，以 14 幅画面叙述了释迦牟尼出生及成长的神话故事。第一幅画面出现在第 6 窟塔柱下层东面龛式南侧内面，名曰“降神选择”（图 3–1）。作为兜率天宫的补处菩萨要下凡成佛，首先要考察凡间哪个家族最为尊贵优秀。经过细致的考察，佛国选择了具有世界上一切优点的迦毗罗卫国净饭王夫妇为佛陀的父母。于是就塑造了一幅歌颂净饭王夫妇“具足清净，性行仁贤，聪明智慧，夫妻真正，堪为父母”的画面。画面中，净饭王夫人手持宝珠，立于一边，宝珠上下雕刻布施物品，另一边上下二人是为接受布施之人。此画面向人们传达的信息是：人形摩尼宝珠的出现，象征了佛陀即将在此降生；宝珠上下的布施物品和接受布施的二人，表示净饭王夫妇好善乐施的仁慈博爱。

接下来的画面在塔柱东面佛像龛南侧外面，曰“相师占梦”（图 3–2），是为释迦出世前，净饭王夫人夜梦白象投胎，遂请相师占梦的情节。主角是并坐在一起的净饭王夫妇，前者一手拈花、一手弯曲前伸；后者合掌持物，他们正在向对面的相师请教占梦。

绕行到塔柱南面，佛龛两侧各有一幅画面，左为“树神现身”，右是“礼贺母胎”。两幅画面分别展现了释迦出生前的吉祥瑞应和远近各国男女老幼的欢喜场景。这些画面中的主角自然也是并坐在一起的净饭王夫妇。

图 3-1　第 6 窟中心塔柱下层东面龛式南侧内面“降神选择”
图 3-2　第 6 窟中心塔柱东面佛像龛南侧外面“相师占梦”
图 3-3　第 6 窟塔柱西面佛龛南侧外面“腋下诞生”

释迦出生的画面位于第 6 窟塔柱西面佛龛南侧外面，名曰“腋下诞生”（图 3-3）。净饭王夫人身孕将满，回娘家分娩，途经兰毗尼花园，手扶菩提树，太子由其右腋诞生。此画面中一棵树枝横向伸开的菩提树覆盖着 4 个人物：中心人物是被赋予菩萨装束（花冠、长裙、帔帛等）的净饭王夫人，她站在树下，双腿略弯曲，左手抚着肚子，右手向上伸展抓扶着树的枝叶，腋下雕出半个身子的小释迦牟尼（有舟形背光）；右侧一胡跪状的人物正欲以双手接住将出生的“佛陀”，《本行经》说，这是“天帝释将天细妙憍尸迦衣裹于自手，承接太子”；左侧两个带头光的供养天人做祝福和帮助状。

太子出生后即刻向四方各行七步，步步生莲，并一手指天，一手指地，大声说：地上天下，唯我独尊，是为“莲花七步”。这一画面在塔柱西面佛龛南侧内面，内容较为简单。太子脚下没有出现莲花的雕刻，画面除雕刻了奏乐庆祝的供养者外，也没有其他人物。太子的身体塑造较高大而规范，更像是一个成佛后的释迦牟尼之游行形象。

塔柱西面佛龛北侧的两幅画面分别是“九龙灌顶”和“骑象入城”，各自叙述了龙王为刚出生的释迦太子吐水沐浴和净饭王怀抱太子回宫的场景。

塔柱北面佛龛两侧的四幅画面，由左至右分别是“阿私陀占相”“姨母养育”“太子在三时殿”和“太子骑象”，讲述了释迦夫妇养育释迦太子的初始过程。传说释迦太子诞生后七天，母亲摩耶夫人就去世了，太子

图 3-4　第 6 窟塔柱北面佛龛西侧外面“阿私陀占相”
图 3-5　第 6 窟东壁下层北起第一幅画面“太子射艺”
图 3-6　第 37 窟西壁圆拱龛左上隅“太子掷象”

随即由姨母波阇波提抚养。后来波阇波提做了净饭王的夫人，所以有“姨母养育”之说。四幅画面中的“阿私陀占相”（图 3-4）构图生动：画面左侧是舒相坐于束帛座上、呈瘦骨嶙峋“梵志”形象的阿私陀，他双手将太子举于面前，正仰头观视太子。右侧跪于阿私陀面前、双手合十者，应是净饭王夫妇。仙人阿私陀见太子容貌出众、身如金刚，有三十二相八十种好，说太子为圣人降世，将来必成佛道。

塔柱东面佛龛北侧的两幅图像分别是“商议赴学”和“太子在大学堂”。年至七岁的太子，正值读书学习之时，于是净饭王着手为其寻找传授知识的老师。位于塔柱东面佛龛北侧内面“在大学堂”与“在三时殿”的内容和布局均相同，表示太子的菩萨装人物站在宫殿台阶上，接受全面的知识教育。云冈塑造的佛传故事，较少有在相近位置反复出现同一画面的情况，但在这里重复雕出太子立于宫殿前的场面，设计者试图强调这样一个故事过程：净饭王听了阿私陀所言，太子“诸相皆得其所，又极明显，是以决定知成正觉”，于是“心怀愁恼，虑恐出家”，而常常为太子的生活起居和学业成就操劳，意欲让儿子继承其王位。

二、太子较艺

这部分内容是表现太子卓越技艺超出其他人的传奇故事。首先是“太子射艺”（图 3–5），画面位于第 6 窟东壁下层北侧，表现的是太子与同族兄弟比赛射术，一箭射穿七面铁鼓的事件。佛经称，释迦太子从小就接受了严格的教育，净饭王专门请来国内最好的射箭老师传授其技艺。太子聪慧过人，学习很快，曾在王宫后园一次射穿了七面铁鼓。净饭王得知后，十分欣慰。释迦太子的优秀引起了本族五百位同年龄孩子的好胜心。大家长至十岁时，已经个个“技艺有大筋力”，他们想挑战释迦太子的勇力，一较高下。净饭王为使四方人民知晓太子的高超射艺，令太子和兄弟提婆达多等五百人七天后出城“欲试武艺”。

此画面中央靠右侧较大面积中，安排了三个菩萨装拉弓射箭的人物，分别是释迦太子、提婆达多和难陀，他们弓腿提臂，似以全身力量集中于弓箭之上，目标是要将弓箭射中对面用立杆支撑起来的三个圆形的鼓。这三个鼓，代表了佛经中所说的“金鼓、银鼓、鍮石之鼓、铁鼓等鼓”。极富生活情趣的是，画面中支撑鼓的第一个立杆上，一只家犬正沿杆爬上，欲以前爪勾探鼓身。这个微小点缀，不仅使画面顿时活跃起来，更体现了人世万物不朽的相互依赖关系，从一个侧面反映出佛教“流转轮回无极”的“生生”思想。画面上方两个飞天于空中飞舞，既表达神的相助，又充实了画面空间。同样的图像还存于第 2 窟东壁下层和第 37 窟西壁龛式右上隅，两者的画面布局与第 6 窟基本一致。

其次是“太子掷象”（图 3–6），画面位于第 37 窟西壁龛式左上隅。正如前文所说，净饭王为了向世人展示太子的高超技艺，所以提出了让三位太子出城比试的想法。在出城时，三位太子遇到了意料之外的困难。因为在出城的道路上，有一头巨大的大象挡在城门口拦住了去路。三位太子采用了三种不同移走大象的方式，表现了三位太子不同的品质和武力：提婆达多太子“以手搏头，即便躄地”；难陀太子“以足指挑象掷著路傍”；释迦太子“以手执象，掷着城外。还以手接，不令伤损。象又还苏无所苦痛”。画面中可见，右侧太子左手屈肘抚摸左胸，右手臂向前伸出，臂上托象，应是提婆达多；左侧太子双腿分开，以两手合并抓住象的鼻子，使象四肢悬空的，应是难陀；中间太子以双手托着大象的身体，抱于胸前，这一形象是根据佛经“以手执象……还以手接”的记载而成，中间这位就是释迦太子了。

三、出四门

为消除释迦太子的“出家”念头，净饭王不仅为其娶妻纳妃，还以“更增伎女而娱乐之”的办法，欲使太子安心宫中生活，以便继承王位。位于东壁下层北起第二幅的画面为“宫中欢娱”（图 3–7）。宫殿外，众宫女正嬉戏玩耍。宫殿左侧两个人物相拥而坐，其中一人坐在另一人的右腿上，并以左手搂住对方脖颈，以右手臂和对方左手臂相交，表现出

图 3–7 第 6 窟东壁下层北起第二幅画面『宫中欢娱』

十分亲密的模样。画面左下角的两个人物已是酩酊大醉了，其中一个右腿翘起，架在左腿之上，半躺在地；另一个手拿酒壶，两腿弯曲蹲下向前，向半躺在地者灌酒。宫殿台阶下的两个人物正各自玩要观看。而坐于宫殿床榻上的释迦太子对此却并无兴趣。

这天，由城外传来歌声阵阵，并听得流泉清凉之声，放眼观望外面的园林景致，花果茂盛、流泉飞溅，释迦太子萌生了出宫游览的念头。得到父王应允后，释迦太子在仆人的陪同下，出得东南西北“四门”，看到了人的生老病死，也见到了出家的僧人，心生苦闷而忧郁寡欢，思惟解脱之道，意欲出家。

第 6 窟东壁下层南侧的四幅画面分别是“请求出游”“出东门遇老人”“出南门遇病人”和“出西门遇死人”的图像（图 3-8）。“请求出游”的画面中，坐床榻者为净饭王，左侧太子跪于地，头身向前，呈现恭敬听命姿态，表现了太子即要出游，前来与父王辞别的场景。

我们注意到，从左侧第二幅画面开始，由左至右依次并列的三幅图像

图 3-8　第 6 窟东壁下层南侧图像

画面基本一致，即画面右侧是象征皇宫城门的门楼，画面中部太子骑马，表示释迦太子在诸侍从的陪同下已出宫殿城门。只有画面左侧的雕刻不同：第一幅画面中手执木棍手杖的人物，低头弯腰立于路旁的，是老人；第二幅画面中面体皆显臃肿、右腿跷起放在左腿上、手执木棍、无力地坐于路边的，是病人；第三幅画面中雕刻了两位行走的人物，走在前边的一个肩扛木杆，木杆上飘扬着长长的带子，是为“招魂幡”，表现的是释迦太子出西门，遇上了死人。

“出北门遇沙门”的画面安排在壁面同层位的南壁，画面布局依然与前三幅一致，只是在画面左侧雕刻了一位首有“项光”的人物，他左手略屈肘下垂，右手举胸，身直面善，挺立于路边。太子出北门，遇上了净居天化作的沙门。太子即已见此比丘，又闻广说出家功德，回去路上，难以压抑心中想要出家的愿望，便自唱言：“善哉善哉！天人之中唯此为胜，我当决定修学是道！”唱罢，立即上马还归宫城。明确了心中所追寻的梦想，太子心生欢庆，而自念言：“我先见有老病死苦，昼夜常恐为此所逼。今见比丘开悟我情，示解脱路。做此念已。即自思惟方便。求觅出家因缘。”

四、寻求解脱

亲眼看到了生老病死的世事不幸，又得闻出家僧人的道法理念，令释迦太子下定决心出家寻找解脱之道。于是，回到宫中的太子向父王请求允许自己出家。净饭王一心期望儿子接班当国王，听得此言泪流满面而不许。但父王的阻拦并未动摇太子出家的决心，终于在十九岁到来之时，他越过宫城，逾墙而出，寻找觉悟之道。

在第 6 窟的连环画面表达中，南壁东侧有“思惟出家”和“逾城出家”两幅图像，明窗东、西壁有“山中思惟”和“白马吻足”两个龛像，南壁西侧残存了“入山求道”和“问询仙人”两幅图像。

“思惟出家”也称“耶输陀罗入梦”，位于南壁东侧。画面中耶输陀罗盖着被子躺在床榻上。床边的释迦太子右手上举抚腮，呈思惟状看着自己的妻子及其众伎乐女。坐在地上的 4 身手持乐器的伎乐女，已然东倒西歪、昏昏睡去了。如此，释迦太子坚定了出家的信念：“我今当学古昔诸佛所修之行，急应远此大火之聚。”

“逾城出家”画面（图 3–9）在南壁下层东侧紧靠窟门的位置。这是描述释迦太子从四门紧闭、并由“五百诸释、勇多力者宿卫菩萨”护卫的宫中，在诸天神相助下，骑马离宫出家的情节。“逾城出家”是佛本行故事中的重要情节之一，在诸多佛教艺术（石雕或壁画）中都有大量的表现。云冈也很重视对这一内容的表现，初步统计有不少于 7 幅之多。其中第 6 窟南壁东侧第四幅的画面较为突出，不仅刻画精细，也易于人们观赏。此图像布局结构上与“出四门”的画面相近，都把表示城门的宫殿式

左：图 3–9　第 6 窟南壁下层东侧第四幅画面“逾城出家”
右：图 3–10　第 6 窟明窗西壁“白马吻足”

建筑安排于画面的右侧，只是“逾城出家”画面中雕刻的城门略小而已。画面的中心内容是释迦太子骑在马上，背对城门，四个天神各以双手捧马足，他们双腿弯曲，似在飞行中。太子身后执伞盖者也与“出四门”执伞盖者不同，是飞行中的形象，表示这时的执伞盖者已非宫中侍从，而是天神“释提桓因”。

“山中思惟”和“白马吻足”的图像，出现在第6窟明窗东、西壁上。一改长卷式连环画的浮雕形式，而是以两个装饰绚丽的盝形龛分别装饰了表示释迦的思惟菩萨像，东壁为“山中思惟”，西壁为“白马吻足”（图3–10）。两个龛的人物形象和装饰雕刻内容除西壁“白马吻足”菩萨脚下雕刻弯曲前腿吻菩萨脚的马匹形象外，其余人物形象和装饰雕刻内容均完全一致。这是云冈石窟佛传故事画面中首次出现以龛像形式塑造释迦菩萨的故事内容。以此表现形式突出了释迦成佛过程的阶段性。太子由宫中逾城出家，标志着其成就佛道走出了重要一步。在佛教看来，这是具有里程碑性质的事件，也是回答云冈为什么对“白马吻足”以龛像形式刻画最有说服力的解释。

这两幅画面表现的是释迦由王宫出城在山中与仆人、马匹告别后，做思惟的场面。其故事顺序应在“逾城出家”之后和“问询仙人”之前，描述了释迦即将告别世俗走向成佛之路的思惟状态。由于“山中思惟”和“白马吻足”是在释迦没有成佛时发生的，所以将其形象仍旧塑造为菩萨形象。马通人性是古今中外盛传不衰的热门话题，以此情节说明释迦太子出家时的离别之情，从而使故事更具感染力。这种运用文学艺术手段强化佛教教义对社会生活的影响，是佛教故事经常使用的创作手法。

云冈石窟表现“白马吻足”的画面共发现3幅，第一幅在第6窟明窗西壁，第二幅在第28窟西壁佛龛左上角，第三幅位于第30窟南壁中层西侧，其中第6窟刻画得较为突出。

第 6 窟南壁窟门西侧下层所雕佛传故事连环画多已风化，现在只有靠近窟门的两幅画面的部分内容可以辨识，即“入山求道”和“问询仙人”。这是讲述释迦太子与仆人、爱马告别后，随即转向北方去寻阿罗逻迦兰仙人的途中所遇。第一幅可见一个举左手、腰背略弯的站立者，其周围下部分是山峦的雕刻，上部分是树木等植物的雕刻，左侧上角还雕刻了一只飞鸟。非常明显，这是描绘释迦太子来到山林中的情景。西侧的一幅画面，构图以人物为主，其余部分仍然雕刻了山峦和树木。画面中可以辨别的人物共有 6 身，皆成二人一对的形式。右上角的一对人物一坐一跪，坐者两手举至胸前，身体前倾，正比画着讲着什么。跪者身位略低，双手合十，正在听讲。如果坐者所表现的是释迦太子的话，那么跪者就是经文中所讲的跋伽仙人，他正接受太子的询问。画面左上角和左下角还可隐约看到 4 个人物，他们代表了和跋伽仙人共同修苦行的其他仙人。

有关太子寻访阿罗逻迦兰仙人的故事，佛经中有很多记载。相传，释迦太子为到达阿罗逻迦兰仙人处，寻求解脱“生老病死”之苦的方法，历经千辛渡过恒河，途径王舍城等地，一路上边走边向众“仙人”请教学习，为得解脱之道。但遗憾的是，释迦太子并未求得自己所认知的“无为法”，也没有得到解脱生老病死之苦的方法。于是太子来到尼连禅河之侧的苦行林“静坐思惟观察众生根。宜应六年苦行而以度之。……为求正真道故，净心守戒，日食一麻一米……”释迦太子在尼连禅河边的苦行林度过了 6 年苦行僧的生活，从一开始每日只吃一粒麻子或是米饭，到后来每七日才吃一粒麻子、米饭，他日日坐在菩提树下，苦思冥想，日夜修行，身形枯槁，犹如枯木。释迦太子“身形消瘦有若枯木”的造像，早在犍陀罗佛教艺术中就已经出现，并以顶上肉髻、背后圆光、结跏趺坐、双手腹前交会呈禅定印的形象固定，统称为“苦行像”。这种固定形象自公元 3 世纪产生后，就不曾改变。云冈第 12 窟前室南壁列柱上层佛像列龛的西起第二龛

图 3-11　第 12 窟前室南壁列柱上层释迦苦修像

塑造的就是“苦行像”（图 3-11），半跏趺坐坐于圆拱龛中的释迦牟尼呈皮包骨头状，小腹回缩、人体骨骼显露、圆睁的双眼凹陷、多皱纹的额头，都表现了释迦牟尼历经 6 年苦行后，骨瘦如柴的状态。

释迦太子苦行是其成佛道路上的一个重要阶段，按佛教经典记述，这时的释迦虽已离开世俗社会，但还没有成就佛道，只是一位寻求“解脱”的苦行僧。但因为释迦太子最终成佛，并且被佛教的信仰者奉为佛祖，在人们的意识中，他是唯一成佛的具体人，所以在佛教艺术的表现中，往往将释迦“苦行像”塑造为头上有肉髻的佛像，以供大家参拜供养，云冈石窟亦不例外。

五、释迦成道

这是佛传故事中最重要的一个表现内容。“释迦成道”主要讲述释迦太子经过反复思惟、多方寻求、苦行实践，在即将成佛道时受到魔王干扰，终以神形之力战胜天魔而成就佛道，并在成道后，于各地广泛收授弟子的故事。

6 年的苦行，使释迦太子身心疲惫，“端坐六年，形体羸瘦”，不得解脱。现在，释迦太子的精力已经消耗殆尽，生命似乎风中飘荡的蛛丝一般，随时都会坠入死亡的深渊。他反思自己这么多年来的修行，认为这样下去只会被诸外道言为“涅槃因”，从而决定“我当受食然后成道”。于是，释迦太子强撑着已经十分羸弱的身体，艰难地扶着树枝，小心翼翼地爬到河边，将身体浸泡在温暖的河水中，终于缓过一口气。他挣扎着从水中站起，将身体沐浴干净，回到岸边，倚靠着树干，开始休息。这时，恰好一位牧牛女在河边牧牛，她看到虚弱的释迦太子，将新挤出的牛乳送给了他。这就是佛本生故事中很有名的“乳糜供佛”。释迦太子吃了乳糜之后，顿觉气力充足。于是效法过去诸佛修道之法，以草为座，结跏趺坐，如过去诸佛所坐之法，发誓“不成正觉不起此座”。释迦太子的言行使“天龙鬼神皆悉欢喜”，也震动了魔宫，“……尔时波旬卧寐，梦中见三十二变：宫殿暗冥；宫殿污泥入于邪径；池水枯竭；乐器破坏；阅叉厌鬼头皆堕地；诸天舍去不从其教……从梦而起，恐怖毛竖”，于是，魔王波旬召集手下大臣，欲以女色和强大武力压制释迦之“净念”，阻止他成就佛道。

云冈现存“降魔成道”佛像龛达 6 处之多，是佛传故事中出现较多的一种，其中尤以第 6 窟的画面最为壮观生动（图 3-12）。虽然画面处于易风化区而毁坏严重，但其残存形象仍然是云冈“降魔成道”画面中雕刻内容最为丰富的一幅。龛内坐佛像下半身风化严重，上半身则相对保存完

图 3-12　第 6 窟西壁中层中间大龛“降魔成道”

整。佛像面容慈祥安静，头上肉髻花纹右旋，右手举胸掌心向前做无畏印，左手下垂置前做降魔印。佛龛周围，下方两侧风化严重，雕刻内容可见南侧供养人形象的头部，以此推测，两侧下部各雕刻人像 5 身，其中应有魔女劝魔王住手的内容。佛龛两侧中部和上方，布满了面向释迦坐佛像做袭击恐吓动作的妖魔鬼怪，由右侧下部顺时针方向分别为：头发竖起、眼珠突出、怒视释迦、双手持圆形锤的妖怪；四肢微绻站立、手执圆球状物的马首妖怪；头发竖起以带束之，口中伸出“魔爪”的妖怪；形似夜叉，五官聚凑、手握斧的妖怪；牛首怪；头发后竖、眼珠突出、耳朵肥大，双手捧圆形球的妖怪；以五朵花为武器的夜叉；手执圆形物，凶面獠牙猪首妖怪；双手对着释迦拉弓射箭的夜叉；腰中束带，双手托起群山为武器的夜叉；双手捧着圆形球的夜叉；头发后竖、眉毛密集卷曲、胡须后飘、尖耳向上，手持戟的夜叉；手握短柄斧的虎头妖怪；伸出肥大奇长舌头的妖怪；手执短柄圆形头武器的狐狸头妖怪；额头长三个圆形物、嘴下壳长胡须，手持短柄三圆武器的夜叉；象首妖怪，共计 17 身，他们形态各异，没有雷同。

即使有着重重的阻碍，释迦太子不被外界干扰，更加坚定了自己寻求解脱之道的决心，终于成佛。

释迦成就佛道后，在各地收授弟子。他决定前往摩竭提国“度脱”迦叶兄弟三人。释迦一行到来时，住宿于“石室”。迦叶告诉释迦：“此处虽然寂静，但有恶龙相害。”释迦佛不以为然，于是端坐石室中而入三昧。随即恶龙放出毒心烟火，石室内火焰冲天。迦叶即命众弟子“以水浇之！”但水非旦不能灭火，反而使火越烧越旺，连石室也被烧化，可是释迦佛“身

图 3-13　第 6 窟东壁中层北侧坐佛龛『降伏火龙』

心不动，容颜怡然”。终于，他降伏毒龙，并将其“受三归依，置于钵中”。

“降伏火龙”的画面在云冈目前发现有5处，其中第6窟东壁中层北侧的坐佛龛（图3-13）规模最大，具有代表性。该龛风化比较严重，佛像身体部分及其佛龛北侧均裸露出凹凸不平的山体岩石，看不到任何艺术雕刻，但此龛的保留部分仍是云冈石窟“降伏火龙”最典型的一个画面。龛内坐佛像保留了完整的头部形象，面容慈祥安静，头上肉髻花纹右旋，右手举胸掌心向前做与愿印，左手平行端钵，钵内中央刻出一个浮在水面的圆球，象征了毒龙已被化入钵中，所谓“降彼恶龙，使无复毒，受三归依，置于钵中”。圆拱龛左右及上部围满前来救火的迦叶弟子。山峦中，众迦叶弟子奉迦叶之令前来石室“以水浇之”，他们或以双手抱盛水器倒水灭火，或肩扛盛水囊匆匆赶来，或手握法器欲扑灭毒火，场面热烈、动感十足。

六、释迦说法

释迦牟尼成就佛道后，自思所悟的佛法道理“甚深难解”，而大众因“薄福钝根无有智慧”，必定不能理解“我所得法”，从而对佛法“迷惑不能信受”，于是决定不说法而“宁默然入般涅槃”。为此，大梵天王三次劝请佛陀为众生说法。表现此画面内容的造像位于第7窟后室西壁中层北侧。画面主像为结跏趺坐说法释迦佛像，两侧各一头戴高冠，双手合十，倚坐于束帛座上的天王人物。佛陀的首次说法——“鹿野苑说法”，引起了很大轰动，人们怀着崇敬、迫切的心情从四面八方赶到鹿野苑，想要倾听他的教诲。为了惠及更多的人，佛陀开始了他世界各地“游行教化”的行程，比如最著名的“耆阇堀山说法”，参加者最广而最具影响力。

“鹿野苑初次说法”是释迦成佛中重要的“里程碑”之一。云冈“佛

图 3–14　第 6 窟东壁中层南侧坐佛龛「鹿野苑初转法轮」

陀鹿野苑初次说法”图像目前发现有 4 幅，其中第 6 窟和第 12 窟造像分别位于东壁中层和前室北壁东侧正面，容易观察，同时这两幅画面保存完好且雕刻内容清晰。在两幅作品中，又以第 6 窟东壁中层南侧的大型坐佛像三间式盝形龛表现最为突出（图 3–14）：盝形垂幔下，释迦牟尼佛结跏趺坐坐于其中，手做说法印；龛左侧梢间内雕 4 身供养天人和 3 身闻法世俗供养人；右侧梢间内雕 2 身供养天人和憍陈如等 5 位闻法僧人；佛陀膝下中央方形台面上，置三个素面圆盘，即是“三宝”，也称“三宝标”；“三宝标”两侧各有一只小鹿静卧，表示鹿野苑这个地方。

据《法华经·序品》，佛陀成道后在耆阇堀山说法，闻法者甚众。菩萨、龙王、阿修罗、天王、比丘、比丘尼、优婆塞、优婆夷等诸修行得道者及其眷属成百上千悉数参加。云冈石窟的第 11 窟、第 5 窟和第 19 窟都有文殊、观音、大势至三大菩萨并列的雕刻，其中第 11 窟还有 4 种阿修

图 3-15　第 6 窟东壁和南壁东侧上层立佛列像

罗、八大龙王等形象，他们呈现的都是佛陀耆阇堀山说法事。

“游行教化”讲释迦牟尼佛到各地传播佛法的热烈盛况。云冈很多洞窟都雕刻了表现“游行教化”的华盖立佛像，其中第 6 窟最为突出（图 3-15）。洞窟内上层东西南北四壁除明窗位置外，共雕刻了高约 3.5 米的立佛像 11 尊（东、西、北壁各 3 尊，南壁明窗两侧各 1 尊）。立佛像右旋花纹的头顶肉髻、下摆飞扬的褒衣博带、雕刻华丽的身光头光，十分庄严肃穆；两侧的胁侍菩萨和众多簇拥四周的供养天人，神态各异、雕刻精细；特别是立佛像头顶上高浮雕立体状、装饰美观、颇具异域风貌的华盖更是突出。这组造像是云冈石窟成熟时期最具代表性的作品，亦为云冈石窟表现“游行教化”最突出的精美的作品。

七、般若涅槃

涅槃（梵语 Nirvana），是指佛的灭度（即去世）状态。佛教理论的涅槃，是所谓达到了“超脱生死”的境界。《大乘义草十八》曰：“……涅槃，此翻为灭。灭烦恼故，灭生死故，名之为灭。离众相故，大寂静故，名之为灭。”《涅槃经》曰：“灭诸烦恼，名为涅槃。离诸有者，乃为涅槃。”《圆觉经》曰：“以因缘俱灭，故心相皆尽，名得涅槃。”因此，涅槃是佛各个阶段经历中最重要的过程之一。般若涅槃与右腋诞生、降魔成道、初转法轮一起，构成佛的四件大事。印度早期佛教艺术及犍陀罗艺术的不少作品，往往将佛的四件大事安排在同一个画面中加以突出表现。后来，无论在相同或不同的时间、地域，凡是有佛教艺术表现的地方，多将佛的涅槃像单独塑造出来，并且置于重要位置。很多雕刻或者绘画艺术品将涅槃佛像塑造为闭眼平躺的姿势，同时其周围有众多佛弟子等造像，有的甚至做出“悲恸殒绝，自投于地，宛转号啕，不能自胜”（《长阿含经》）的举动。这种佛像画面在许多石窟寺都有突出的表现，但在云冈出现得并不多，只发现在第 11 窟西壁上部、第 35 窟东壁楣拱上部、第 38 窟北壁东侧各有一例。不仅画面位置隐蔽且不突出，而且雕刻得比较粗糙，不能给人留下较深印象。虽然云冈石窟没有突出塑造佛的涅槃造像，但象征佛涅槃的窣堵坡（作者按：窣堵坡即为塔，详细内容见第七章“七看佛塔”。）则比比皆是。显然，以塔寓意佛涅槃是云冈石窟的主要表现方式。

四看本生

THE FOURTH

angle of view

YUNGANG GROTTOES

本生故事是佛经故事的重要组成部分。所谓“本生”，梵音Jātaka，意为释迦牟尼佛前生的故事。古印度的人们相信轮回转生，他们认为一种生物既然降生世间，必有所作所为，或善或恶，不出两途，有因必有果，这就决定了他们转生的好坏，如此轮回，永无止息。释迦牟尼在成佛以前，只是一个菩萨，他还跳不出这种轮回，必须经过无数次的转生，才能成佛。因此，在佛教中就产生了所谓佛本生故事，故事的主人公就是佛祖释迦牟尼。表面上看，佛本生故事讲的是释迦牟尼前生之所作所为，其实这些内容往往是流行于民间、大讲因果报应的寓言故事，佛教的传播者将它们搜集起来，经过主观加工，使故事中的重要人物成为前生的释迦牟尼。无论是佛教因缘故事，还是佛本生故事，都极力宣传因缘果报，两者在一定程度上的故事性质完全一致，所以，不少故事既是因缘故事，也是本生故事，凡故事情节中包含了前生之释迦牟尼者，即可称为佛本生故事。

云冈石窟作为佛教传入中国后，较早修葺的规模最大的石窟寺，其建造者在国家政权的鼎力支持下，投入了巨大的热情。著名高僧昙曜不仅主持开凿了云冈石窟，同时“又与天竺沙门常那邪舍等，译出新经十四部”。在译出的十四部新经中，现存有《付法藏因缘传》六卷和《杂宝藏经》十卷，里面记述了大量佛教因缘、本生故事。昙曜在平城一边译经，一边开窟，定会亲自或由其他人将译出的佛经内容表现于石窟壁面之上，这一点已经得到充分的印证。在云冈第9、10双窟中，主要是根据《杂宝藏经》内容雕刻了大量因缘和本生故事画面。这就说明，在盛行大乘佛教的北魏时期，因缘、本生故事还是传布佛教思想的主要方式，而且是由社会宗教活动中的最高领袖人物予以实践的。

云冈石窟雕刻的本生故事数量、种类不多，在赵昆雨先生的统计中大约有6种（见赵昆雨《云冈石窟佛教故事雕刻艺术》，江苏美术出版社2010年出版），即“月光王施头”“昙摩钳闻偈焚身”“慕魄太子本生”“舍身饲虎”“睒子本生”和“儒童本生”。其中，前4种故事图像有的风化严重不易辨认，有的甚至已经完全风化不存了；只有“睒子本生”和“儒童本生”部分留存，并且居于较易观察的位置。

一、睒子本生

睒子本生故事出自《六度集经·卷第五》，内容大致是这样的："在很久以前有一位名叫一切妙的菩萨，他看到迦夷国有一对善良的盲夫妇没有子女，便转生投胎成了他们的儿子，名叫睒子。睒子七岁时，心地善良，孝顺父母，奉行十善。十岁那年，睒子向父母诉说了想入山修行的心愿，得到了父母的赞同。于是全家一同进山修道。入山之后，睒子依旧全心全意照顾父母。一家人食果饮泉，生活其乐融融。周边的鸟兽都被他们感化，不仅不来侵扰，甚至常做美妙之声娱乐盲父母。有时父母渴了，睒子就穿着鹿皮衣，到溪边取水，各种动物也习以为常，一同饮水。突然有一天，迦夷国国王进山射猎时，射箭误伤了披着鹿皮的睒子。睒子死前将其一家修行之事告知国王。国王悔恨自责，并到睒子家通知他的父母。盲父母来到溪边找到死去的睒子，抚尸恸哭。睒子孝行感动上天，天神使其复活，并使其父母复明。后来国王推崇睒子的孝行，于是国民们孝养父母，奉修五戒，修行十善，死得升天。国王因此推行佛法，天下大治。"故事中，父母亲对儿子的深爱痛惜给人留下了深刻的印象。

显然，这是一个宣扬儿女孝道的故事，它与中华民族传统文化中孝顺父母的意识产生了强烈的共鸣。将这一内容突出地予以介绍，必将扩大佛教在中国社会的影响，是使佛教思想扎根中华大地的高明手段。

1. 睒子降诞

这个故事位于第 9 窟前室西壁中层南起第一幅画面（图 4-1）。该幅图右侧为一座二层中国传统瓦顶阁楼式建筑，阁楼下层的空间中雕有睒子父母二人，由于风化严重，我们只可见到父母的头部轮廓。阁楼外坐于台上的人物为帝释天人，虽然风化严重，但仍可见到其头上雕有光圈，特别强调了他承担为睒子（现世佛的前生）的降生精心选择降生家庭的责任。

其身后雕刻有摩尼宝珠、盛着圆形食物的盘子，以及用水瓶和食物叠摞起来的容器供品。这些雕刻配置与第 6 窟中心塔柱东面南侧内面的“降神选择”如出一辙，摩尼宝珠象征睒子的出生，容器中的食品是睒子父母布施给大众穷人的饮食。以上内容表达了睒子父母淳朴善良的本性。画面左侧雕刻有上下两排共 6 个供养人，他们或双手合十，或向前伸出双手，皆含首谦恭，表示了对睒子父母的赞赏和恭敬。画面中央上侧为一飞天形象，象征着睒子的降生受到神灵的关注和引导，也象征了睒子本身所具有的非凡人物性质。

左：图 4–1　第 9 窟前室西壁中层“睒子降生”
右：图 4–2　第 9 窟前室西壁中层“睒子孝父母并与父母入山修道”

2. 睒子孝父母并与父母入山修道

此故事位于第 9 窟前室西壁中层南起第二幅画面（图 4–2），这是西壁 3 幅画面中间的一幅。此图分为两个部分：第一部分在画面右侧，是两座顶为束帛状、上圆下方的屋宇，屋宇中各有一位人物坐在其中，屋宇上下雕刻山峦。显然，端坐于屋内的人物即是睒子的父母。这幅图画表现了睒子为修道行，同双亲一起搬到山泽居住的情形，正所谓“将其二亲，处于山泽”，并“以草茅为庐，蓬蒿为席”。第二部分位于画面的左侧，一个飘带飞舞、下肢苗条秀丽的人物，双手臂肩各挎抱一个双手合十的较小人物。非常明显，这是睒子左右双手挎抱着父母亲的造型。但由于其头部风化严重，我们已无法看到他的面容表情。整体画面表现了睒子的基本人物性格特征，即是一位孝敬父母、慈悲为怀的非凡神者。佛经中记载睒子慈悲为怀，心念天下苍生，将自己的善良分享给世间万物。因为“父母年耆，两目失明”，睒子心里十分悲伤，他常常避开父母暗自垂泪，夜不能寐。为了能更好照顾父母，他晚上要起来好几次，去询问父母寝室温度是否冷热适宜，是否需要喝水，多少年如一日，没有一丝懈怠。他的至孝善行、他的慈悲之心，就如芳香的花朵，散发出弥散天地的芬芳。睒子的孝行被广泛传扬，“地祇、海龙、国人并知”也。

3. 睒子在山中与兽为群

这个故事位于第 9 窟前室西壁中层南起第三幅画面（图 4–3）。此画面的下方正好是第 9 窟通往第 10 窟的拱门上侧，因之其下边框为弧形。但这丝毫没有影响画面内容的表达，而且图中人物或跪或坐于弧形边框上，在美术设计上更显得自然而合乎情理。

画面右侧依旧是父母坐于山泽之中草茅庐舍内，左侧除胡跪于草茅庐舍边的睒子外，其身后还雕刻了大小不同、正在行走的 4 只野兽和一只爬在树上回头观望的猴子。画面表达了睒子在山

上：图 4–3　第 9 窟前室西壁中层“睒子在山中与兽为群”
下：图 4–4　第 1 窟东壁中层睒子本生故事

泽中一边修行，一边悉心孝敬父母，并与山中各种动物和睦相处的情形。通过塑造高低起伏的山峦和动物自然奔走的形象，特别是猴子爬树回首的活泼动作，在有限的空间里，展示了一幅美妙和谐的大自然图画，体现了歌颂自然、向往自然、回归自然的精神追求。正所谓“山有流泉，中生莲华，众果甘美，周旋其边。夙兴采果，未尝先甘。其仁远照，禽兽附恃”。

此外，在这幅图画中，我们还清楚地看到主人公睒子被塑造为供养天人的形象。他的人物头光、飘带等装饰以及双手合十、呈胡跪状的动作姿态等，都与云冈早中期供养天人相同。由于多数画面风化严重，目前，只能从这幅画面中了解到云冈塑造的睒子形象。

4. 国王入山田猎

这个故事位于第 1 窟东壁中层北侧（图 4–4），共分为两幅图画。左起第一幅画面右侧为瓦顶宫殿建筑，左侧具有头光和飘带的迦夷国王由侍从撑伞盖，正骑马自宫殿出来，欲“入山田猎”。通过宫殿建筑雕刻及其头戴高冠、臂挎飘带的信息刻画，表示了国王人物特质的身份。侍者和马匹的出现，使国王的显赫身份更加突出。

5. 国王误射睒子

这则故事分别呈现在第 1 窟东壁中层北侧“国王入山田猎”画面旁边和第 9 窟前室北壁中层西起第一幅画面（图 4–5）中。第 1 窟的画面由左上角向右下角边框雕刻两条曲线，表示一条河流，河流左侧雕刻弯腰的睒子，睒子旁边可见一只风化严重仅剩轮廓的麋鹿形象，河流右侧山峦中，身边拥着众侍从的国王正骑马张弓向对岸的睒子射箭（见图 4–4，右侧画面）。

第 9 窟的画面右下侧风化非常严重，所幸在漫漶的石壁上，隐约可见一个人物头像和小部分的山峦雕刻，表现的是睒子在山中汲水的场面。画面左上侧则可见山林中骑马狩猎的人物，其中处于最前列（右侧）的一

左：图 4–5　第 9 窟前室北壁中层“国王误射睒子”
右：图 4–6　第 9 窟前室北壁窟门西侧“睒子父母闻子死呼天抢地”

位，正对着右下方的人物张弓射箭，这是表现国王及其侍从前来狩猎，国王误射睒子的情景。正所谓“二亲时渴，睒行吸水。迦夷国王，入山田猎，弯弓发矢，射山麋鹿，误中睒胸”。

6. 睒子父母闻子死呼天抢地

这则故事内容位于第 9 窟前室北壁窟门西侧第二幅画面（图 4–6）。此幅画面占据面积较小，雕刻了睒子父母在山泽间的两间草茅庐舍中双手上扬、双脚跺地悲痛欲绝的场景。当睒子父母得知儿子被射杀时，精神受到极大的震动，于是他们悲愤地质问国王：“我的孩子有什么罪过，让你这样杀死？我的儿子仁慈善良，为什么要遭受这样的事情？”

在此画面右侧，以很小的空隙，开辟出一个特殊的单元图画，这是一个延长距离仅有约 10 厘米的纵向长形画面，雕刻了山峦巅峰之树木和两枝莲花。这一画面安排，源自佛经描写，即“山有流泉，中生莲华”。同时，也暗示着故事将会有潜在的因缘际会。

7. 迦夷国王在睒子父母前忏悔

这一故事内容对应的是第 9 窟前室北壁窟门西侧第三幅画面（图 4–7）。这是国王和随从前往睒子父母生活的地方，去告知实情的情形。此画面下部雕刻的山峦几乎全部风化无存，上部的雕刻则比较清楚。右侧是国王及其侍从，其中一位侍从手臂挽着两匹马的缰绳，左侧是他们的坐骑。这时，迦夷国王深知自己在无意中犯下了不可饶恕的错误，面对睒子双亲低头作揖忏悔：“我亲眼见到两位，知道你们疼爱儿子，也知道你们的儿子孝顺你们。但是错以铸成，我内心也十分煎熬。是我的过失，射杀了睒子。我不仁慈的行径，打猎伤害了动物的性命，现在又伤害了至亲至孝的睒子。我悔恨啊！”

8. 迦夷国王牵睒子父母去儿子身边

这个画面位于第 9 窟前室北壁窟门东侧第一幅（图 4–8）。前面的画面主要集中在窟门西侧，对“睒子本生”故事前半部分的主要情节做了叙述。这时延续的画面被前室通往后室的窟门截断，前面画面所占壁面横向长度正好是整个壁面横向长度的一半，故事的下半部分内容应在第 9 窟前室窟门的东侧部分表现。

但遗憾的是，洞窟这一部分几乎全部风化不存，只有紧靠窟门的一幅可见一些雕刻内容。画面右侧是纵向排列的三匹马，它们是迦夷国王及其侍从的坐骑。画面的绝大部分雕刻了 5 位站立于山峦中的人物，这些人物雕刻虽然风化严重，但从他们的影像轮廓判断，靠近马匹的两位穿连衣裙装、两腿分开站立、双手合十弓腰的人物，应是国王的侍从。如果没有风

左：图 4–7　第 9 窟前室北壁窟门西侧“迦夷国王在睒子父母前忏悔”
右：图 4–8　第 9 窟前室北壁窟门东侧“迦夷国王牵睒子父母去儿子身边”

化，他们其中的一位应以手臂挽着缰绳。相临的一位双腿并拢，人体曲线分明，头顶有宝冠轮廓，右手臂弯曲、手置前胸的造像，应是迦夷国王。最左侧两位应是睒子的父母双亲。他们穿连衣裙装，可见两腿分开站立者是父亲，他的右手被国王左手牵着，左手则牵着长裙；不见分腿的立姿造像是睒子的母亲。画面内容已经非常清楚，是迦夷国王应睒子父母之要求，带着他们去往死去的睒子身边。正所谓“儿子已经死去，往后我们将生无所依，我们的性命也将随他而去。恳请国王慈悲，将我们带到他遇难的地方，让我们再看看他的尸体，我们将同他一起死去，共化作尘土”。

在第 9 室前室窟门东侧的另一幅画面中，可隐约看到一个有头光并佩有飘带的人物形象，但由于整幅画面内容几乎完全风化漫漶，已无法判断其人物性质。其后的图画业已风化殆尽，但我们依然可以根据佛经了解故事内容的发展状况：睒子在天帝释的帮助下复活、迦夷国王推行佛法而天下大治等，定是这些画面要表现的重要内容。

二、儒童本生

儒童本生亦称“儒童授决”“定光佛本生”。《六度集经》中所讲的这个故事叙述了佛的前世在钵摩国是一位名为“儒童”的梵志，他智慧超群、道志坚定、舌战众儒、拒辞财色，而又勤劳奉佛，当得知“定光、

● “梵志”，佛教人物之一。一切外道之出家者名“梵志”。《智度论》：“梵志者，是一切出家外道，若有承用其法者亦名梵志。”梵志为婆罗门四时期之一，在悟得佛法之道后，称为梵志。《俱舍光记》说：“婆罗门，此云梵志。”梵志成为佛法的实践者，因而为佛陀所称赞。云冈石窟的梵志形象多样：由于梵志是“一切外道之出家者”，有着非常深厚的阅历，在年龄、智慧上具有不同于常人的风范，因此，云冈石窟将其塑造为长发高束、留山羊胡的老者形象；又由于梵志是一切外道的代表，其形象应是非常怪异而不同于普通人的，因此，云冈石窟又将其塑造为赤身露体、瘦骨嶙峋的形象；还由于梵志具有超凡本领，是佛法的实践者，云冈石窟还将其塑造为身体修长、四肢灵活、姿势多变的形象。

如来、无所著、正真道、最正觉、道法御、天人师将来教化”，他非常期待，“儒童心喜，寂而入定，心净无垢，睹佛将来”。他向采摘鲜花的女子讨得五枝鲜花，将其撒在佛的身上，如来告其“后九十一劫，尔当为佛”，儒童“踊在虚空，去地七仞。自空下来，以发布地，令佛踏之”。云冈石窟在表现这个故事的时候，多以“布发掩泥”为定格画面，为节省篇幅，只将故事的后部分予以呈现。

云冈石窟塑造的“儒童本生”图有两种表现形式。第一种表现形式是立佛像龛的形式，以一个独立佛像龛来表现“布发掩泥”故事情节。位于第 10 窟前室东壁中层北侧龛、第 12 窟前室东壁上层北侧龛、第 5 窟明窗东壁中层北侧、第 5–10 窟南壁窟门西侧的立佛像等，均为这种形式。这些画面的设计基本一致。

第 12 窟的立佛像身后为素面舟形背光，佛像两腿等肩分立，左手抚胯，右手举至前胸，是为“游行教化”之形，其右腿下侧向内斜侧身胡跪

左：图 4–9　第 12 窟前室东壁上层北侧“布发掩泥”
右：图 4–10　第 10 窟前室东壁中层北侧“布发掩泥”

左：图 4–11　第 5 窟明窗东壁上层北侧“布发掩泥”
右：图 4–12　第 5–10 窟南壁窟门西侧“布发掩泥”

状一个双手合十的小儿（儒童），其头发向佛的脚下伸展（图 4–9）。

第 10 窟前室东壁的一幅“布发掩泥”画面，与第 12 窟的画面大同小异，此幅画面因位置较低而易于观察。此外，佛像的两只前臂皆断失，我们不能够了解其上肢的动作姿态，佛像脚下刻出一个较大的莲花座，不仅佛的双脚站立于上，右脚下的小儿（儒童）也爬在莲花之上。此处之小儿不同于前者，他不是供养者常见的胡跪状姿势，而是双腿弯曲斜趴在地上，他的头发也并没有披下，而是以手抚摸佛的右脚脚面（图 4–10）。

第 5 窟明窗东壁上层北侧角上雕刻的“布发掩泥”画面（图 4–11）占据较小的面积，其画面中只雕刻了三个人物：大树下雕一微侧身立佛像，佛像左侧脚下一个人物五体投地趴于地上，佛像面前雕胡跪供养者一身。

在第 5–10 窟南壁窟门西侧“布发掩泥”的图像中（图 4–12），立佛立于高台上，高耸的肉髻、修长的身姿、素面、尖顶的身光、褒衣博带服装，展现出泰然自信的神情。高台下，浅浮雕人物颔首跪姿，双手合十，头顶一束头发上飘于佛的脚下。同样的题材画面在第 5 窟明窗东壁已然出现。只是此画面在布局、雕刻艺术特点等方面与前者有很大的不同。一是前者的立佛像（定光佛）旁塑造了树木，以渲染自然环境，这里则没有树木的雕刻。二是前者“儒童”形象伏卧于佛像前，这里却将“儒童”置于台下，并以浅浮雕形式刻画了一个双手合十、胡跪姿势的供养者形象。特别突出的是“儒童”头顶的一束长长的素面头发，由头顶竖起，沿方台折向佛的脚下，由宽到窄、顺势延伸，不仅完整地表达了故事情节，更充满了艺术想象。

第二种为多人物画面表现形式，出现在第 10 窟前室东壁。因第 10 窟与第 9 窟是在洞窟形制、规模、布局、内容、壁面组合等方面相一致的双窟，因而，两窟前室腰壁位置皆以连环画形式表现了本生故事画面。我们看到，第 10 窟前室的东壁中层，这里有三幅并列的画面，其中间的一幅

图 4-13　第 10 窟前室东壁中层中间图“布发掩泥”

正是“布发掩泥”（图 4-13）。此幅画面较上两幅在内容表现上更加丰富，除画面主要位置刻画了儒童将长长的头发铺于立佛像脚下外，其前后左右都有不同形态的人物，以表现更为复杂的思想内容。立佛像身后是一个手持拂尘的护法夜叉，上侧并排两个双手合十的供养者，表示了佛的庄重和威严。立佛像前面以三个长方形石块“榜题”（面上文字风化）将画面分为三个空间：右侧占据面积较大的画面呈现的就是“布发掩泥”内容；中部的空间内雕刻两个人物，上方站立者左手持一枝雕刻五朵花的花束置肩上，表现儒童向采摘鲜花的女子讨得五枝鲜花，所谓“道逢前女采华挟瓶，从请华焉，得华五枚”也，想要将花撒在佛的身上；画面左侧下面的空间雕刻了一个瓦垄顶房间，室内站立一肩上挂有飘带的人物，大约是表现睒子在屋内的意思，左侧上方的空间雕刻了一个周身被圆形光环笼罩而悬于空中的蜷腿人物，这表现的是儒童听了佛的预言心中欢喜而“踊在虚空，去地七仞”的情景。

与“睒子本生”一样，“儒童本生”和本书“看因缘”中所介绍的“阿输迦施土因缘”等故事之图像，在犍陀罗艺术中都有不同程度的表现可以清楚地看到云冈石窟在艺术风格上的继承性。

五看因缘

the fifth
angle of view
yungang grottoes

因缘，是佛教思想最重要的世界观之一，是指产生结果的直接原因和辅助促成结果的条件或力量，谓“事物产生或毁灭的主要条件是因，辅助条件是缘”。丁福保《佛学大辞典》有“因缘合成”条曰：“森罗万象，必自因（亲因）与缘（助缘）而成，此二者相合而生结果，谓之因缘合成。”因缘之说在佛教传布中起着非常重要的作用，因此许多佛教经典对此都有解释。因缘说是早期佛教主要传布的宗教哲学内容，不仅在佛经中有大量的因缘故事，而且在佛教石窟艺术产生后不久，就出现了因缘故事形象化的表现，在印度著名的阿旃陀石窟早期洞窟（约公元纪年前后）的壁画中，即出现了这种题材的画面。以后开凿的佛教石窟寺已然继承了这一有利于佛教传布的传统，将因缘故事画面以绘画或石雕的形式表现于壁面上。尽管大乘佛教特别强调“大慈大悲、普度众生”，而不提倡自我解脱之“灰身灭智”，但丝毫没有妨碍因缘故事画面出现于以宣传大乘佛教为重要内容的石窟寺中，用来劝喻世人敬信佛法，多做好事，积累善因而得到善缘。

云冈第 9、10 窟集中雕刻了一些主要根据《杂宝藏经》记载的因缘故事画面，以讲述因果报应之世俗故事的形式，来宣传佛法的传承、供养、力量和正道。

一、佛法传承

佛法传承具有重要的宗教意义。以大乘佛典为根据雕刻的云冈各类图像中，表现过去、现在、未来永续永存的佛教“三世佛”宗教理念，贯穿了云冈从早期到晚期的始终。因缘故事中的传承思想主要有两种：一种是阿输迦施土因缘，一种是罗睺罗因缘。

1. 阿输迦施土因缘

这是一个歌颂印度孔雀王朝第三代国王阿育王（公元前 271—前 235 年在位）为弘扬佛法创造并推广佛教艺术雕刻的因缘故事。因此，人们又将这一故事称为“阿育王施土因缘”。

作为国君的阿育王扶持各种宗教，其中特别注重佛教，他曾经皈依佛教（公元前 265 年），并在短期内加入僧团。为了推广佛教，他不仅巡行各地，设置专司管理佛教的行政官员，还颁布法敕并刻石立于印度各地，以便广泛并长期宣传佛教教义。同时，他每年向佛教寺院施舍大量钱财，举行盛大的佛教集会，还下令建造了一些佛寺和佛塔。不仅如此，阿育王还派出许多佛教高僧到印度以外的周边国家和地区传播佛教。他派出的高僧远到安息、大夏、埃及和希腊等较远方的国家，将佛教教义带到世界各地，使佛教成为世界性的宗教。阿育王于公元前 235 年去世，由于他在世时大力推广佛教，因而在佛教史上被尊为“转轮圣王”和“法王”。

阿育王为早期佛教传播做出的杰出贡献受到佛教徒的广泛崇敬和赞扬，人们以各种方式对他进行纪念。其中以因缘故事的形式做记载，并雕刻在佛教石窟中供人们瞻仰的做法，是从中国北魏时期开始的。北魏凉州沙门慧觉等八人译撰的《贤愚经》中有“阿输迦施土品第十七”讲道：“当年佛住在舍卫国祇树给孤独园。有一天早晨，佛陀和阿难前往城内化缘乞食，看见一群小儿在路上玩耍。小孩子们将地上的土聚拢起来，垒做宫舍及仓库，用来藏被当作财宝、五谷的土。其中有一个小儿见佛陀远远走来，看到佛陀相貌光耀，恭敬之心油然而生，欢欣雀跃，他很想给佛陀布施。这个小儿立即从土筑的仓库中捧出被当作粮食的土，高高举起双手，想要欲布施给佛陀。但因为身材矮小，不能够到佛陀手的高度，于是他对另一位小儿说：'我蹬在你的肩上，用谷来供养佛。'那小儿高兴地回答说可以。于是这小儿蹬在另一小儿肩上，向佛陀奉土。佛陀放低手中捧着的钵，低头接受所供养的土。佛接受后，随即交给阿难，并对他说：'用这个小儿布施的土涂抹我的房子。'佛和阿难乞到食物后，回到住处。阿难便用泥土涂抹佛的房子，整整齐齐地涂抹了一堵墙壁，将这些泥土用完了。佛告诉阿难说：'刚才那个小儿高兴地向我施土，足够涂抹我住所的一面墙。如此功德，我涅槃百年后，他将转生成为国王，而另一个孩子会转生做他的大臣。他们共同统领阎浮提的一切国土，兴显三宝，广设供养。分布舍利遍阎浮提。将为我建造八万四千座佛塔。'"

经文的后半部分叙述的是阿育王造"八万四千如来之像布与诸国，令人供养"而得以果报的事迹。将两个故事贯穿起来，就可以清楚感受到具有因果关系的佛教"轮回转世"观，这是佛教徒非常高明的创作。事实上，只有后半部分才是阿育王的真实故事，前半部分显然是为衬托阿育王获得好报（当了国王）而杜撰的前世"功德"。而正是前世的故事，最能拨动人的心弦，天真活泼、不醒世事的小儿竟然"遥见佛来，见佛光相，敬心内发，欢喜踊跃，生布施心"，是这种冥冥之中对佛的敬仰之心，造就了阿育王来世的"果报"（做国王），为佛教"因果报应"观找到了"事实"根据。

表现"阿输迦施土因缘"故事的画面在云冈石窟现存 17 处：第 5-11 窟、第 5-38 窟、第 5-39 窟、第 12 窟、第 18 窟、第 19-1 窟以及第 25、29、33、34、35、39 等洞窟中都有此种图像，是因缘故事中表现较多的

左：图 5-1　第 12 窟前室西壁上层“阿输迦施土因缘”
右：图 5-2　犍陀罗艺术中所表现的“阿输迦施土因缘”

一种。云冈石窟所有表现“阿输迦施土因缘”的画面，均以故事的前半部分即“小儿施土”为情节进行展示的（图 5-1）：画面中心的立佛像，一手举于胸前，另一手持钵向下伸，欲接取小儿所施之泥土，持钵之手的下方，即是几个（多为三个）小儿的形象，他们或蹲坐，或下趴，或伸手，或踮脚，正向佛的钵中奉献“名为谷者”的泥土。其中那个距佛最近的小儿就象征了“阿输迦”，他脚踩在趴于地上的小儿肩膀上，伸手向上作“施土”状，形象塑造与佛经故事所述非常吻合。与犍陀罗艺术中表现同类题材的画面相比（图 5-2），可见云冈石窟有着明显的传承痕迹。

2. 罗睺罗因缘

“罗睺罗因缘”是表现释迦与其子罗睺罗相会的故事。佛成道后六年，始还迦毗罗城见父王。此时罗睺罗年六岁，手捧母亲所予“欢喜丸”（古印度食物）在人群中直接认出了父亲，他走到父亲面前，将欢喜丸高高举起，施与释迦。《杂宝藏经》中记录的“罗睺罗因缘”，是佛经故事中非

图 5-3　第 19 窟南壁西侧罗睺罗因缘

常有名的经典，也是该经中最具文学性的片段，故事情节生动曲折，特别是对耶输陀罗神态的描写刻画，尤其细致动人。不过对耶输陀罗的描写，只是文学艺术的加工润色，使其突出，并不能将其看作佛教意义上的中心人物。

因而，云冈石窟所有表现“罗睺罗因缘”的画面，少见耶输陀罗的形象，多以佛和罗睺罗二人的形象表现，且将佛像塑造得较高大，用手抚摸着塑造得较矮小的罗睺罗。在云冈，目前发现有 4 处表现“罗睺罗因缘”的画面，分布于第 19 窟、第 9 窟和第 38 窟（两幅）。其中第 19 窟的画面是“罗睺罗因缘”故事在云冈的代表作品（图 5-3），位于南壁西侧上层。立于千佛壁面之中的佛陀着通肩大衣，右手臂弯曲抬起，手掌举于正胸，左手下垂，抚摸双手合十、呈胡跪状的罗睺罗头顶。云冈石窟中表现的“罗睺罗因缘”故事画面，与“时罗睺罗，礼佛已讫，正在如来左足边立。如来即以无量劫中所修功德，相轮之手摩罗睺罗顶”的记述不是完全吻合，如画面中的罗睺罗并不是立于如来足边，而是呈胡跪姿；在云冈有的画面中，罗睺罗则处于佛的前面（如第 9 窟）。但这只是一种画面布置上的不同，丝毫没有影响故事情节中核心内容的表达。在佛教中，罗睺罗不仅是释迦之子，后来还成为佛的十大弟子之一，排行第九，“声闻法中密行第一”。

二、天女供养

《杂宝藏经》中记载的关于“天女供养因缘”的故事内容，连续以6个段落叙述了6位天女因精心供养佛法、坚持信仰而得以尚好果报的故事，它们分别是：“天女本以华蔓供养迦叶佛塔缘”“天女本以莲花供养迦叶佛塔缘”“天女受持八戒斋生天缘”“天女本以燃灯供养生天缘”“天女本以乘车见佛欢喜避道缘”“天女本以莲花散佛化成华盖缘”等。各故事中尽管主人公供养形式有所不同，但情节过程和故事结果完全一致。这一系列故事在云冈石窟的雕刻中，现大约可辨认两种，即“天女本以莲花散佛化成华盖缘”和“天女本以燃灯供养生天缘”。同时，还出现了一幅根据吴支谦所译《须摩提女经》雕刻的“须摩提女请佛”图像。

1. 天女本以莲花散佛化成华盖缘

经曰：“尔时释提桓因，从佛闻法……时有天女，头戴华鬘，华鬘光明，甚大晃曜。共诸天众，来集善法堂上。……说偈答言：‘我昔以华鬘，奉迦叶佛塔。今生于天上，获是胜功德。生在于天中，报得金色身。’尔时天女，即从天下，执持华盖，来至佛所。佛为说法，得须陀洹，而还

图 5-4　第 9 窟后室南壁东侧上层“天女本以莲花散佛化成华盖缘”

天上。”云冈石窟第 9 窟后室南壁东侧上层雕刻了一幅以中国传统瓦顶所覆盖的画面，表现的就是“天女本以莲花散佛化成华盖缘”（图 5–4）。主尊佛像手做说法印、结跏趺坐坐于须弥座上，其左右两侧站立 5 位天女，她们斜披瓔珞、飘带翻卷，双手执持华盖、脚踏莲花，个个面向佛像，身体微倾，表现了天女对佛的虔诚和恭敬。

2. 天女燃灯供养缘

《杂宝藏经》说：“畏于提婆达多（常与佛陀敌对之恶比丘，释迦牟尼的堂兄弟）和阿阇世王（向佛陀争取僧团领导权为目的的对立者）的权势，王舍城内居住的人民不敢燃灯供佛。然而一女子不受约束，很勇敢地在佛陀经过的地方明灯供佛。阿阇世王听说后，非常恼恨，用剑将她拦腰斩杀。女子死后，重生于三十三天摩尼焰宫殿中，来到佛所。佛为她说法，并赠给她须陀洹果。”

● 须陀洹果，佛教术语，佛教中的果位。又译为预流、入流，是南传佛教中的修行位阶，为沙门四果中的初果。

表现这一故事的画面在第 10 窟前室东壁第二层南侧（图 5–5）。画面左侧雕刻内置人物的二层阁楼。阁楼右侧上方有人似在挤（羊）奶，用来表达平静的社会生活，亦在隐射人们不敢燃灯侍佛。画面中心一位有头光的人物，正双手捧物躬身侍奉带舟形身光的佛陀，表现的正是该女子双手燃灯供养佛陀的情景。女子身后还雕刻了一位双手合十的供养天人，以烘托佛教的神圣气氛。画面右侧出现几段残肢，似以说明女子被阿阇世王用剑斩杀。佛陀上方有左手指置嘴边的盘腿坐姿比丘（罗汉），似为女子已得到须陀洹果。

3. 须摩提女请佛

这一故事说的是，“在舍卫城（古印度佛教圣地，相传为释迦牟尼长年居留此地说法。），有一位长者名叫阿那邠邸，他是城中的富翁。他的女儿叫作须摩提，聪慧貌美，且很有佛缘，世间少有。阿那邠邸经常去满富城做生意。满富城的首富满财，他也经常到舍卫城去做生意。两人成为好朋友。恰好，满财家有个儿子，和须摩提年岁相当，满财希望能为自己的儿子成就一份良缘。满财很自信地到阿那邠邸家去提亲，没想到被阿那邠邸拒绝了。满财非常郁闷，详细询问被拒绝的理由。原来是两家所信奉、供养的信仰不同，阿那邠邸家信仰佛陀，满财家信仰外道。满财许下誓言，庄重地对阿那邠邸说：‘这不是问题。我会另外设置地方让须摩提供养佛陀，绝不会阻止她的。’话虽如此，阿那邠邸心中还是没底。他安排房间让满财住下休息，容自己再考虑考虑。晚上，阿那邠邸匆忙来到佛陀的住所，说明了来意和苦恼。佛陀了解了他的来意，对他说：‘让你的女儿嫁到满富城去吧，这对她来说是一件大功德。’阿那邠邸听佛陀这么说，终于放下心来，回到家中盛情款待满财，并约定十五日后举行仪式。但是满财对阿那邠邸的承诺，违背了自己所信奉的信仰，所以被罚供养六千外道。满财毫无怨言，尽心竭力去供养他们。成为一家人，满财想尽办法去协调信仰不同的矛盾。他对须摩提说：‘你去请你信奉的佛陀来我家吧，说我要供养他。’须摩提听后，十分开心，她沐浴更衣，登上高处，面向佛陀所住的方向焚香祈祷，让佛陀到满财家接受供养。佛陀在舍卫城听到了须摩提的祷告，决定前往。第二天，佛陀带着弟子们各显神通前来赴约”。

云冈的此故事画面位于第 10 窟前室北壁窟门西侧（图 5-6）。由于风化严重，只有左侧的形象较为清晰：分别有骑金翅鸟、驾驭虎舆和乘象的菩萨装人物由画面左上角“飞驰”而下。这表现的是目犍连（佛陀十大弟

左：图 5-5　第 10 窟前室东壁中层“天女燃灯供养缘”
右：图 5-6　第 10 窟前室北壁窟门西侧“须摩提女请佛”

子之一）等佛诸弟子前来赴请的情景。而在风化严重但可见影像轮廓的画面中部，出现一身倚坐的人物，上方有残存雕刻似佛光，应是佛陀。右侧跪姿做供养状的人物轮廓，大概是摩提女的形象。位于画面左侧下层的几位（残存 3 位）有头光、双手合十的胡跪人物，可能是皈依佛教的各位长者。

三、佛法供养

对佛的敬仰行为即是供养，“为资养三宝，奉香华、灯明、饮食、资材等物，谓之供养”。在云冈石窟的图像表达中，在菩萨、天人、护法、弟子以及世俗供养人等各类供养者做出合十、捧物、手捧博山炉等姿态以表达供养的同时，还出现了不少宣传佛法供养好处的因缘故事，以强化其宗教意义。

1. 八天次第问法缘

佛教中的色界四禅天与无色界的四空处，合称为“八天”。《杂宝藏经》：“昔佛在世，于夜分中，忽有八天，次第而来，至世尊所。……佛

图 5-7　第 9 窟后室南壁西侧“八天次第问法缘”

告天曰：‘汝受天身，快得安乐。’天白佛言：‘我虽生处天宫，常怀忧恼……听法能解其义，如说修行。以是因缘，受天果报……’”

云冈石窟所雕“八天次第问法缘”之画面，位于第 9 窟后室的南壁与西壁（图 5-7）。帷幕之下，释迦牟尼着袒右肩佛装，右手举胸为说法印，结跏趺坐于中央，两侧各雕胡跪供养天人 8 身，他们依次排列，一一向释迦述说着前世的“行为”和现在的“果报”。

2. 夫妇供佛获报缘

夫妇供佛获报缘亦即“须达长者妇供养佛获报缘”。佛教以为，通过“施舍”达到“解脱”，是到达彼岸涅槃境界的六种方式之一。《杂宝藏经》就讲了一个这样的故事：“贫穷的须达夫妇家中只剩余了三升米，须达的夫人将米煮成了饭食。待到饭做熟的时候，恰巧遇到前来化缘的佛教尊者，她将尊者的钵盛满了饭。后来，又陆陆续续来了很多前来化缘乞食的佛教尊者，她都一一接待，将米饭都分给了他们。待到丈夫回家，家中已经没有饭了。当得知妻子的施舍行为后，须达没有生气，反而觉得宽慰，认为‘我们的罪过已尽，福德就要来了’。果然此后家中米谷、衣帛应有尽有，用之不完。”

云冈石窟根据以上佛经故事所雕画面，位于第 9 窟后室西壁南侧上层（图 5–8）。屋形龛帷幕下，两位手端饭钵的供养者人物相向而跪，这就是须达夫妇二人的形象。他们身穿宽大上衣，表示有充裕的锦帛用来做衣服；二人同时以左手端饭钵，左侧一人以右手将食具放入钵中，做欲食状，表示家中有食之不完的谷粮，正表现了所谓“谷锦饮食，悉皆充满，用尽复生”的意思。

图 5–8　第 9 窟后室西壁南侧上层「夫妇供佛获报缘」

四、佛法力量

佛教看来，佛法即是佛所说之教法。《成实论》有所谓“佛法六名”：一善说（如实而说），二现报（使人于现世得果报），三无时（不待星宿吉凶而随时得修道），四能将（以正行教化众生至菩提），五来尝（应当自身证悟），六智者自知（智慧者自能信解）。这些佛法内容无不渗透着无限的力量，其集中表现就是以佛法之力量降服外道、度化众生。云冈艺术图像中可以解读的有如下 5 种。

1. 降伏阿须伦

第 10 窟前室北壁窟门上方突出地塑造了一座被佛教视为“世界中心”的须弥山，山中不仅有宗教的供养人和化生璎珞供养，还有表现大自然的动植物雕刻，最突出的形象还有缠绕在山腰间的二龙形象及两侧的多头多臂神。以《长阿含经》中的《世纪经战斗品第十》的记载，其表现的是“诸天与阿须伦共斗”的场面（图 5–9）。

图 5–9　第 10 窟前室北壁窟门上方“佛教须弥山”

阿须伦也名阿修罗，为六道之一，是“常与帝释战斗之神”。他居于大海深处的阿修罗宫，神力巨大。为了使阿须伦皈依佛法，诸天决定与其战斗。残酷战斗反复多次，诸天取胜！再由“难陀、跋难陀二龙王”参战：“尔时，难陀龙王、跋难陀龙王以身缠绕须弥山七匝，震动山谷……”阿须伦终于皈依佛法，成为护法八部众之一。在佛教的发展历程中，就是这样以所谓“外道”之神的皈依来壮大自己，从而说明佛法的力量及佛教教义的至高无上。

2. 尼乾子投火聚为佛所度缘

尼乾子乃印度耆那教之创始人。佛教兴盛后，佛经中统一将耆那教徒称为尼乾子。《杂宝藏经》所录“尼乾子投火聚为佛所度缘”佛教故事，展现了佛陀在降化外道中所表现的神力行为和慈悲之心。经曰：“佛在舍卫国。……五百尼乾，作是念言：‘我等徒众，都破散尽，不如烧身，早就后世。’即集薪草，便欲烧身……佛在其边，入火光三昧。诸尼乾子，见大火聚，心生欢喜……既到火里，身体清凉，极大快乐。见佛在中，倍复庆悦，求欲出家。……佛为说法，得阿罗汉。……”

云冈石窟所塑“尼乾子投火聚为佛所度缘”浮雕画面位于第 9 窟后室南壁西侧上层（图 5-10）。画面中央，手呈说法印的释迦牟尼坐于须弥座上，龛内和龛楣均雕刻向上燃烧的熊熊火焰，正是展现了“佛在其边，入火光三昧”的意思。佛像龛左侧纵向雕刻了三个不同形态的人物，上两人为象征尼乾子的瘦骨嶙峋的梵志形象，他们或伸臂叉腰，或抚胸下跪。下方的比丘双手捧供物抚胸，低头闭眼，胡跪于莲花之上，表示尼乾子“须发已落，法服在身。佛为说法，得阿罗汉”。

3. 鬼子母失子缘

鬼子母也称“诃梨帝”，为佛教中的夜叉之一，因“以为五百鬼子之母，故云鬼子母”。鬼子母“初为恶神”，专吃小孩，“后归于佛，为护

左：图 5–10　第 9 窟后室南壁西侧上层“尼乾子投火聚为佛所度缘”
右：图 5–11　第 9 窟后室南壁西侧“鬼子母失子缘”

法神”。这个故事讲佛以其人之道还治其人之身的手法，制服鬼子母，使其“改恶从善”皈依佛法。《杂宝藏经》曰：“鬼子母者，是老鬼神王般阇迦妻。有子一万，皆有大力士之力。其最小子，字‘嫔伽罗’。此鬼子母，凶妖暴虐，杀人儿子，以自啖食。人民患之，仰告世尊。世尊尔时，即取其子嫔伽罗，盛著钵底。时鬼子母，周遍天下，七日之中，推求不得，愁忧懊恼。传闻他言，云佛世尊，有一切智。即至佛所，问儿所在。时佛答言：‘汝有万子，唯失一子，何故苦恼愁忧，而推觅耶？世间人民，或有一子，或五三子，而汝杀害。’鬼子母白佛言：‘我今若得嫔伽罗者，终更不杀世人之子。’佛即使鬼子母见嫔伽罗，在于钵下。尽其神力，不能得取，还求于佛。佛言：‘汝今若能受三归五戒，尽寿不杀，当还汝子。’鬼子母即如佛敕，受于三归，及以五戒。受持已讫，即还其子。……”

云冈表现“鬼子母失子缘”的画面在第 9 窟后室南壁西侧（图 5–11）。画面正中，雕刻较大的向右侧身并排坐在一起的、做思维状的人物即是鬼子母夫妇，位于前边的人物左手中抱着小儿的就是鬼子母。在云冈，这种姿势往往用来塑造思惟菩萨，将鬼子母塑造成这样的形象，以此象征其在走向佛法道路上的“觉悟”状态。

4. 雕鹫怖阿难入定缘

这是一个表现释迦牟尼佛以神力保护弟子阿难不被魔王侵犯的故事。此因缘故事在《法显传》和《大唐西域记》中都有记载。其中后者在卷第九《摩揭陀国·鹫峰山》记录得较为详细："精舍南山崖侧有大石室，如来在昔于此入定。佛石室西北，石室前有大磐石，阿难为魔怖处也。尊者阿难于此入定，魔王化作鹫鸟，于黑月夜分据其大石，奋翼惊鸣，以怖尊者。尊者是时惊惧无措，如来鉴见，伸手安慰，通过石壁，摩阿难顶，以大慈言而告之曰：'魔所变化，宜无怖惧。'阿难蒙慰，身心安乐。……"

云冈第38窟南壁窟门东侧雕刻了表现这个故事内容的画面(图5-12)。释迦牟尼佛和弟子阿难平行坐于两个大小不一的佛像龛中，释迦牟尼褒衣

图5-12　第38窟南壁窟门东侧"雕鹫怖阿难入定缘"

博带，伸右手至小龛抚摸阿难头顶。两龛上方雕刻了层叠山峦。山峦中，一只身体庞大、双翅张开的大鸟由天而降，以喙咬住阿难所在龛顶。画面所表现的故事内容非常明确：魔王波旬化为鹫鸟，正由天而降，以恐怖搅扰阿难的入定坐禅。此时，释迦牟尼“伸手安慰，通过石壁，摩阿难顶”。通过叙述“雕鹫怖阿难”而释迦以神力保护的情节，向人们传达了只要一心追求“佛法”，任何艰难恐吓都不能侵害的佛教教义。

图 5-13a.b　第 9 窟前室北壁明窗两侧鹿头梵志和婆薮仙

5. 鹿头梵志与婆薮仙

鹿头梵志与婆薮仙是中国佛教造像中一度十分流行的图像,以敦煌石窟为数最多,在云冈石窟中也存在不少。所谓鹿头梵志，据说是可以通过观察、叩击骷髅，便可知道死者性别、死因、治疗方法、死后往生之处等信息的能力者。他的形象特征是外道形象和手持一骷髅。婆薮仙人亦即持鸟仙人，其造型多为持鸟于胸前，或举鸟做观察状，亦或举鸟高于头顶。

鹿头梵志与婆薮仙人的形象出现在第 9 窟前室北壁明窗两侧（图 5-13a.b）和第 12 窟前室西壁上层南侧的坐佛像两侧，均以瘦骨嶙峋的老者像的对坐形式来表达。第 9 窟的形象较为高大，明窗左侧手握鸟形者为婆薮仙，明窗右侧手握骷髅者是鹿头梵志。

五、佛法正道

释迦牟尼创立佛教后，在各地传播佛法，其世界观的基础是“四谛”“八正道”和“不杀生、不偷盗、不邪淫、不饮酒”的戒律，以及对一切生命的慈爱怜悯等伦理道德，因而受到社会广大底层民众的欢迎并广泛接受。所以佛教典籍中就收集了不少反映释迦牟尼世俗思想的内容，以方便传播佛教世界观，扩大信仰者队伍，增强佛教的影响力。

云冈艺术图像中可以解读的佛法正道故事有如下 5 种。

1. 难陀出家缘

“难陀出家”的故事出自《杂宝藏经》。故事是这样的：释迦佛陀同父异母的弟弟难陀，虽然羡慕佛陀的智慧和修行，也想跟佛陀出家，但由于娶了如花似玉的妻子，心中不舍，难解难分。于是佛陀导引其先后见过肮脏的母猴、美貌的天女和幽暗的地狱。与母猴相比，自己的妻子俨然美貌如仙，难陀自信满满。见到美貌的天女，难陀心神荡漾，不舍离去。但佛陀说你的人间生活还没有结束，要到地狱参观。一路上，难陀只觉坎坷不平，似乎听到远近都是惨叫之声。忽然来到广大山岩石洞，这里阴气森森，炉火通红，油锅翻滚。青面獠牙之鬼卒凶恶恐怖，以大铁叉叉着犯人送往油锅。一声惨叫，犯人皮肉破裂，面目全非。难陀吓得魂不附体。如此种种，阿难明白了“了生脱死”的深意。于是，他毅然跟随佛陀出家，安心修行了。

位于第 10 窟前室北壁窟门东侧的浮雕画面（图 5-14），被认为表现的是“难陀出家缘”。画面风化严重，残存部分可见上雕莲花的横竖折条将不同的人物分开。折条外（上方和右侧），数位或双手合十、或捧物做供养状的比丘坐在方格内，表达包括难陀在内的不少人已然出家修行成为佛弟子。折条内，不仅有数位胡跪供养天人的形象（残存 3 身），还有果

图 5-14　第 10 窟前室北壁窟门东侧“难陀出家缘”

品之类的供养食物，用来表达天女以及享受的繁荣世俗生活。

2. 兄弟二人俱出家缘

这一故事也出自《杂宝藏经》，是叙述品性优良的两兄弟修行佛法时，弟弟因“嫉妒”之心构陷哥哥的故事。佛经说弟弟就是释迦牟尼之前生。故事是这样展开的：很久以前，一对兄弟欣乐佛法，两人都出家修行。哥哥精进勤修种种法门、持戒清净，不久便证得阿罗汉；而弟弟生性聪明、广学多闻，精通三藏。所以，弟弟被当时的宰相礼请为国师，尊为三藏法师。宰相请三藏法师兴建一座寺院。落成后的寺院庄严宏伟，宰相对三藏法师更加恭敬。三藏法师推荐自己的哥哥担任寺中住持。三藏法师的哥哥，法号精进比丘，他来到寺院，用功修行。宰相见他如此精进，心中生起恭敬之心，于是送上一块上等布料给他。精进比丘想到弟弟平日营办种种佛事，需要较多的财物，于是将布料转送三藏法师。过了不久，宰相又将一块一模一样的布料送给三藏法师。三藏法师虽然接受了，但心中却愤愤不平与嫉妒。又过了不久，宰相又送一块上等布料给精进比丘，而比丘再次转交给弟弟。由此，三藏心中感慨万千，更加嫉妒，最终想加害他的哥哥。一日，三藏法师来到宰相家，对宰相最疼爱的女儿说："你父亲早先对我十分恭敬，但是自从我哥哥来了之后，不知用了什么法术迷惑了他，对我已经不如以前。我现在将这块上等布料交给你，你在你父亲面前缝制衣服，如果你父亲问起，就说是精进比丘给你的。"宰相女儿虽然倾慕三藏法师，但是对诬陷精进法师的做法还是心存疑惑。三藏法师就恐吓她，逼她就范。第二天，宰相女儿故意在宰相面前开始缝制衣服，宰相看到女儿缝制衣服的布料，认出是自己供养精进比丘的布料，心中大为不快。此后，再见了精进法师，便不再起身迎接，并露出不悦的表情。看到宰相不同以往的表现，精进法师心中便知道有人陷害他。但为了护念宰相的慈悲之心，精进比丘很有智慧地以种种善巧方便，让宰相明白了事实的真相。宰相被精进比丘处处不为己，只为别人着想的精神感动，心中更生起无比的恭敬与惭愧。除了向精进比丘顶礼忏悔外，宰相还将三藏及自己的女儿驱逐出国，以惩罚他们对精进比丘的诬谤。

云冈表现"兄弟二人俱出家缘"的画面，出现在第 9 窟后室南壁中层（图 5–15）。画面中央的立佛像，象征了佛法。左上侧的建筑房屋表示弟弟三藏所营造的僧房塔寺。立佛像左侧上下雕刻二比丘，表示兄弟二人。立佛像右侧，上方两位双膝跪地、双手合十、磕头至地的供养天人，表示宰相夫妇，他们正向三藏的哥哥精进比丘恭敬致拜。宰相夫妇二人下方，雕刻一个头光飘带皆备，上身赤裸，下身只着短裤的天人，她的双手被粗绳缚绑，并呈现向右侧拉走的姿态，头偏向左侧，表达了不愿离去的情感，这个人物象征了被驱逐的宰相爱女。

3. 吉利鸟缘

"吉利鸟缘"的典故也出自《杂宝藏经》。故事歌颂了佛祖释迦牟尼

图 5-15　第 9 窟后室南壁中层“兄弟二人俱出家缘”

不仅在现时，即便在过去前世也是一个智慧无限、能够识破一切伪善的面目，并且具有向邪恶势力挑战的、很有勇气的智者。碍于佛陀威望巨大，提婆达多欲以害之而无计可施，假意向佛忏悔。佛陀自然知其险恶，对他说：“不仅仅是今天，过去很久以前，波罗奈国有一个国王名梵摩达，下令严禁屠宰和捕猎。当时有一个猎人，穿着仙人的衣服，杀害很多鹿、鸟等动物。人们都以为他是仙人，并不知道他捕杀鹿、鸟的事。此时，有一只吉利鸟飞来，口吐人言，告诉大家说：‘这个人是大恶人，虽然穿着仙人的衣服，其实是个猎人，常常做杀生的事情，但是人们却不知道。’大家都相信吉利鸟说的话，事实也如它所说。当时的吉利鸟，就是我的前身；当时的猎人，就是现在的提婆达多；当时的国王，就是现在的舍利弗。”

云冈第 10 窟后室南壁东侧中层瓦顶覆盖的屋形龛塑造的就是“吉利鸟缘”（图 5-16）。画面中央，释迦牟尼佛着袒右肩袈裟端坐于方座上，众供养天双手合十，胡跪于两侧。一个头顶高耸发髻、穿世俗装的人五体

图 5-16　第 10 窟后室南壁东侧中层“吉利鸟缘”

投地跪于佛座西侧下角。坐佛像两侧置若干供养者，是云冈龛式布局非常普遍的形式。在这个基础上，将一个“五体投地”人物形象置于佛座下侧，就使整个画面显得异常活泼有趣而引人注意。非常明显，五体投地者便是那妄图加害释迦的提婆达多。

4. 大光明王始发道心因缘

这则因缘故事出自《贤愚因缘经》。大光明王接受了邻国国王赠予的幼小白象，他看到小象通体洁白，很有瑞兽的模样，十分喜欢。他请来国内最好的驯兽师，驯化小象。驯化成功后，国王为了向自己的大臣、国民展示自己所得到的宝象，便号召他们前来观看。国王骑着盛装打扮的白象，迎着朝阳，出城去游戏。没想到，走在路上的白象看见一群象正在莲花池中吃着莲花根，突然发情，追逐着母象一直狂奔到了森林的深处。国王骑在大象上，被这突发情况吓破了胆，他紧紧抓住装饰大象的带子，王冠甩掉了，衣服也被树枝剐蹭破了。慌乱之中，他伸手抓住了一根粗壮的树枝，脱离了发狂的大象。当他摔在地上的时候，才觉得自己捡回了一条命。惊恐万分的国王被护送回王宫。驯象师前来请罪。不久之后，那头发狂的大象也回到了王宫。驯象师请求国王再给自己和大象一次机会，但是国王太恐惧了，驳回了他的请求。

驯象师认为这头白象是不可多得的瑞兽，所以想通过极端的方式来挽回国王的信任。驯象师让工匠做了七只铁球并将其烧得通红，心想：如让白象吞下必死无疑，国王定会后悔。驯象师做了一个动作告诉大象："吞下这个铁丸。如果不吞，就用铁钩凿烂你的脑袋。"白象环顾四周，心想："大众之中，看来没有人能救我了！"于是大象用鼻子卷起铁丸，放到口里吞了下去。铁丸进入腹中，顿时内脏焦烂，铁丸直接穿透内脏，宝象倒地而死。铁丸落到地上，仍然赤红灼热。在场的众人看到此情此景，无不悲伤哭泣。

国王看到这个情景，十分惊怖愕然，心生后悔，并知晓了白象之所以在树林中不能被控制的原因是人"只能驯服象的身，却不能调服它的心"的道理，明白了只有佛陀才能做到既能调身，又能调心。

佛陀告诉众比丘："吞铁丸的白象，就是现在的难陀。驯象师就是现在的舍利弗。大光明王就是我。当时看到白象被调顺的缘故，才开始萌发道心，求取佛道啊。"

第 10 窟后室南壁窟门西侧第二层的画面（图 5–17），就是"大光明王始发道心因缘"。佛陀端坐中间，左侧的形象已经风化不存，右侧上下两排供养人物侧向佛陀合十敬拜。供养者身后一只装饰华丽的大象驮负的须弥座上坐着一位有头光、挎飘带的人物，象征大光明王。大象内侧露出上半身的人物就是驯象师。他们也在双手合十向佛陀致敬。

5. 妇女厌欲出家缘

这是一个鞭笞世间"乱伦"行为的因缘故事。这则故事出自《杂宝

图 5-17　第 10 窟后室南壁窟门西侧第二层“大光明王始发道心因缘”

藏经》，里面这样记载：“昔有一妇女，端正殊妙，于外道法中，出家修道。时人问言：‘颜貌如是，应当在俗，何故出家？’女人答言：‘如我今日，非不端正。但以小来，厌恶淫欲，今故出家。我在家时，以端正故，早蒙分处，早生男儿。儿遂长大，端正无比，转觉羸损，如似病者。我即问儿，病之由状，儿不肯道。为问不止，儿不获已，而语母言：我正不道，恐命不全。正欲具道，无颜之甚！’即语母言：‘我欲得母，以私情欲。以不得故，是以病耳。’母即语言：‘自古以来，何有此事？’复自念言：‘我若不从，儿或能死。今宁违理，以存儿命。’即便唤儿，欲从儿意。儿将上床，地即劈裂，我子即时生身陷入。我即惊怖，以手挽儿，捉得儿发。而我儿发，今日犹故在我怀中。感切是事，是故出家。”

云冈第 10 窟东壁第三层南侧盝形龛覆盖的佛像龛（图 5-18），表现的就是“妇女厌欲出家缘”。此龛中心为着袒右肩袈裟、坐于须弥座的佛

图 5–18　第 10 窟东壁第三层南侧“妇女厌欲出家缘”

像。佛像右侧分三层布置四个合掌供养童子形象。佛像左侧上部是两个合掌供养天形象，下部即是故事的主人公母子二人。母亲坐于束帛座上，她被塑造得端庄慈祥。儿子双手合掌跪于母亲膝下，头倾于母亲一侧。母亲双手握着儿子的头发，表现了当儿子欲与母“乱伦”，而“地即劈裂”，母亲“以手挽儿，捉得儿发”的情形。我们注意到，画面中佛像两侧的人物，多数都雕刻有头光，只两个人物没有，一个是佛像右侧第二层众童子中悬于空中的胡跪状童子，另一个是怀有与母亲“乱伦”淫欲的儿子。这里，尽管没有雕刻出经中所述之“地裂”而使其沉入地下的情形，但不为其雕刻头光，就非常明显地展示了人物的卑微地位。

六看双窟

THE SIXTH
angle of view
yungang grottoes

在云冈，将同一形制、同样规模、内容相连并紧靠在一起的两个洞窟称为**双窟**。双窟两个最明显的特征是：第一，两个洞窟紧靠在一起并共用一个前庭，两窟间中央设置明显的洞窟主题标志物（又名“双窟中心标志”），两窟左右崖壁各竖立突出的塔柱或其他标志物；第二，洞窟内表现的佛教主题、壁面的龛式设计布局、艺术装饰的整体策划等，均在两个洞窟之间你中有我、我中有你的规范下得以完成。以洞窟开凿先后排列，第 7、8 窟（图 6–1），第 9、10 窟（图 6–2），第 1、2 窟（图 6–3），第 5、6 窟（图 6–4），第 3 窟（图 6–5）等五组洞窟均为双窟。双窟形制多样、各有特点：第 7、8 窟和第 9、10 窟均属于前室相通的双窟；第 1、2 窟属于同一形制、同样规模、内容相连的双窟；第 5、6 窟属于规模一致而形制不同（第 5 窟为大像窟，第 6 窟为塔柱窟）的双窟；第 3 窟属于后室相通的双窟。

上：图6-4 第5、6窟外景

下：图6-5 第3窟外景

云冈双窟在表现佛教思想上有着特定的体现方式，即洞窟中的内容与洞窟外壁的中心标志有着千丝万缕的联系。这些中心标志就像文章的标题一样，统领着整个作品的结构内容，代表了作品的整体方向。云冈 5 处双窟出现了 5 个不同的中心标志，同时代表了 5 种不同的宗教含义。我们试以开凿时间的先后顺序做如下叙述。

1. 第 7、8 双窟中心标志与洞窟主体内容

第 7、8 双窟中心标志是一个由龟趺承驮的丰碑式大型柱体雕刻。虽然经历千年自然剥蚀，碑体已支离破碎，文字更是毫无星点痕迹，但其表现的中国传统矗立状丰碑的精神犹在。那么，以一块高达十多米的石碑为双窟中心标志又说明了什么呢？如果以双窟中心标志可能代表整个双窟的主要雕刻内容的认识为参考，我们不妨进入第 7、8 窟实地了解一下其内容主体。

上：图 6-6　第 7 窟前室东壁残存佛经故事图像
中：图 6-7　第 7 窟前室西壁千佛像
下：图 6-8　第 7、8 窟前室相通的拱门顶部夜叉簇拥团莲

双窟前室均无顶露天，其中最引人注意的是两窟东、西两壁整体对称的雕刻：第 7 窟的东壁和第 8 窟的西壁对称布局，两个壁面分层、分栏雕刻佛经故事画面（图 6-6）；第 7 窟西壁和第 8 窟东壁共用一堵石墙，均满壁雕刻了千佛像（图 6-7）。同时，使二前室相通并成为其“纽带”的拱门内顶部完整保存了夜叉簇拥团莲的图案（图 6-8）。

双窟后室平面长方形，除后室、7 窟东壁和 8 窟西壁风化严重外，两窟其余的南壁、窟顶、第 7 窟西壁和第 8 窟东壁均保存完好。主要内容是：双窟北壁（正壁）分上下二层，上层均为三世佛题材造像，下层分别为二佛并坐和坐佛像龛，上下龛间的两角空隙处雕有本生或本行故事内容（图 6-9）；东、西两壁均整齐雕塑两列四层坐佛像龛，多为佛传故事题材的内容；南壁主要有供养天人像龛、文殊像、维摩像、佛像龛和交脚弥勒龛等。

综上内容，两窟无论前室还是后室，除后室南壁突出体现供养内容外，其余的大量壁面则雕刻了歌颂释迦牟尼生前和出生后的光荣事迹画面。无疑，该双窟的主题意在展现释迦修行过程。既然如此，矗立于双窟外壁立面的中心标志也应该体现这个主题，其碑文内容无外乎佛经中的本行故事或本生故事。

2. 第 9、10 双窟的中心标志与洞窟主体内容

第 9、10 双窟的中心标志是一座由大象承驮的二龙缠绕须弥座柱。与这一中心标志相呼应，在第 9 窟

图 6-9　第 7 窟后室四壁

前立壁东侧和第 10 窟前立壁西侧均同样雕刻了由大象承驮的二龙缠绕须弥山柱。同时，双窟的四根千佛列柱也是由象征佛法威严的狮子承托。虽然因风化底座仅存窟内的狮子臀部，但其上雕刻的须弥座及其护法二夜叉还清晰可见（图 6-10）。因此第 9、10 窟应是以二龙缠绕须弥山为主题的双窟。同时在第 10 窟前室北壁窟门上方的二龙缠绕须弥山图案两侧还雕刻了阿须伦的形象。根据《长阿含经》中《世纪经战斗品第十》，这个画面表现的是“诸天与阿须伦共斗”的场面（见图 5-9）。最后阿须伦已然皈依佛法，成为护法八部众之一。在佛教发展历程中，就是这样以所谓

图 6-10　第 9 窟前室南壁千佛柱基及其上方的山花蕉叶出护法二夜叉

"外道"之神的皈依来壮大自己，用来说明佛教教义的至高无上。

与此同时，双窟后室雕刻的大量因缘故事（见列表"第 9、10 窟佛经故事图像与佛经对照表"），其所表现的核心内容与二龙王缠绕于须弥山"与阿须伦共斗"、使其皈依佛法的思想是一致的。

第 9、10 窟佛经故事图像与佛经对照表

编号	内容	位置形象	经书	时代及译者
1	睒子本生	第 9 窟前室东西北腰壁浮雕连环画	六度集经	（三国）康僧会
2	鹿头梵志和婆薮仙	第 9 窟前室北壁明窗两侧对坐梵志像	付法藏因缘传	（北魏）吉迦夜、昙曜
3	罗睺罗因缘	第 9 窟前室西壁北侧圆拱坐佛龛	杂宝藏经	（北魏）吉迦夜、昙曜
4	鬼子母失子	第 9 窟后室南壁西侧第二层屋形龛	杂宝藏经	（北魏）吉迦夜、昙曜
5	八天次第问法	第 9 窟后室南壁西侧第三层盝形龛	杂宝藏经	（北魏）吉迦夜、昙曜
6	尼乾子投火缘	第 9 窟后室南壁西侧上层坐佛龛及两侧人物	杂宝藏经	（北魏）吉迦夜、昙曜
7	兄弟二人出家缘	第 9 窟后室南壁东侧立佛像及两侧人物	杂宝藏经	（北魏）吉迦夜、昙曜
8	天女华盖供养缘	第 9 窟后室南壁东侧第三层屋形龛	杂宝藏经	（北魏）吉迦夜、昙曜
9	须达长者妇获报	第 9 窟后室西壁上层屋形龛	杂宝藏经	（北魏）吉迦夜、昙曜
10	难陀出家	第 10 窟前室北壁东侧	杂宝藏经	（北魏）吉迦夜、昙曜
11	天女燃灯供养	第 10 窟前室东壁第二层南侧浮雕	杂宝藏经	（北魏）吉迦夜、昙曜
12	儒童本生	第 10 窟前室东壁中层立佛像宝盖龛	六度集经	（三国）康僧会
13	吉利鸟缘	第 10 窟后室南壁东侧第三层屋形龛	杂宝藏经	（北魏）吉迦夜、昙曜
14	妇女厌欲出家缘	第 10 窟后室东壁第三层盝形龛	杂宝藏经	（北魏）吉迦夜、昙曜
15	魔王恼佛缘	第 10 窟后室南壁上层西侧坐佛像圆拱龛	杂宝藏经	（北魏）吉迦夜、昙曜
16	大光明王始发道心缘	第 10 窟后室南壁窟门西侧下层屋形龛	贤愚因缘经	（北魏）慧觉等

图 6–11a.b　第 9 窟前室东壁与第 10 窟前室西壁

第 9、10 双窟的主像设置也是弥勒菩萨与弥勒佛的配置。与第 7、8 窟不同的是，其弥勒造像的安排不仅出现在后室正壁上（第 9 窟为倚坐弥勒佛，第 10 窟原是交脚弥勒菩萨，但因早年坍塌，现有坐佛为后世新塑像），同时也出现在两窟的前室北壁的窟门两侧。与此同时，双窟前室的东、西壁亦为弥勒菩萨与弥勒佛的对称配置（见图 6–11a.b）。这样的配置在表达佛教信仰主题的同时，还兼顾了双窟壁面龛式设计的对称性。

3. 第 5、6 双窟的中心标志与洞窟主体内容

此双窟标志位于两窟外壁间，为一座龟趺驮高大层塔。塔，源于印度的“窣堵坡”，在佛教意义上，是埋藏佛舍利的地方，所以也叫“冢”。因此，“窣堵坡”是印度早期佛教艺术最重要的塑造对象，也成为佛教徒礼拜的主要对象。佛教东传，“窣堵坡”以“浮屠”的称谓传到中国，并以中国传统木构建筑形式加以改造。第 5、6 双窟前立壁之中心标志正是这样一个典型的中国式佛塔。

以云冈石窟最高大的塔（高度不少于 15 米）作为双窟中心标志，必然指导着洞窟中所雕刻的内容。众所周知，第 6 窟不仅是云冈石窟塑造佛传故事最系统、最丰富的洞窟，也是塑造佛塔式样最多、数量最大的洞窟。尽管其中讲述的佛传故事系统、丰富，但没有塑造佛涅槃画面。而佛塔在佛教意义上就是埋藏佛舍利的地方，一方面表示佛的存在，另一方面也寓意了佛的涅槃。这就能够说明，此处佛传故事中的佛涅槃是以佛塔的形式表示的。

此外，塔的形式在这个双窟中也相辅相成地展示了与双窟形式一样的象征意义，即多数塔都是以成双成对的形式出现的（图 6–12）。如第 6 窟中心塔柱及其上层四角之九重镂空塔（图 6–13），东、西、南三壁中层大型佛像龛及文殊问疾龛两侧的浮雕塔，第 5 窟南壁明窗东、西两侧大象驮高浮雕五重塔等（图 6–14），均为成双成对出现。

同时，此双窟也是云冈石窟所有洞窟中塔的形式多样、保存数量最多的地方，双窟共雕刻了各种塔形 32 座。因此把这一双窟称为云冈石窟的“塔洞”名副其实。

图 6–12　第 6 窟南壁窟门上方屋形龛两侧浮雕塔

图 6-13　第 6 窟中心塔柱

图 6-14　第 5 窟南壁明窗东、西两侧大象驮塔

图 6-15　第 3 窟弥勒洞内北壁主像

4. 第 3 窟中心标志与洞窟主体内容

第 3 窟中心标志是处于洞窟外壁平台上中央的矩形洞窟，设计严谨、布局对称。窟内主尊为交脚菩萨像和双手合十的善财童子（图 6–15），东、西、南三壁均为千佛造像（图 6–16a.b），正所谓“弥勒阁楼”是也。东晋天竺三藏佛驮跋陀罗所译《大方广佛华严经・卷第五十八・入法界品第三十四之十五》有曰：“……于此南方有一国土名曰海涧，彼有园林，名大庄严藏。于彼林中有大楼观，名严净藏。……彼园中有菩萨摩诃萨，名曰弥勒。……”同经卷第五十九《入法界品第三十四之十六》曰：“尔时善财童子，敬绕弥勒菩萨，合掌白言：唯愿大圣开楼观门，令我得入。尔时弥勒菩萨，即弹右指，门自然开，善财即入，入已还闭。尔时善财，观察楼观，广大无量犹如虚空。……”

图 6–16　第 3 窟弥勒洞内东、西壁

尽管单个弥勒洞之规模不是非常大，但经文中“广大无量犹如虚空”的意义，则实实在在地落实到空间大约为 86757.3 立方米的整个洞窟中去了（见第 3 窟空间体积统计表）。

第 3 窟空间体积统计表

位置	尺寸（米）				减去部分				实有体积 m³
	长	宽	高	体积 m³	塔底	弥勒洞	后柱	体积 m³	
弥勒洞	5.5	2.5	3.9	65.3					65.3
东前室	3	6	8	1104	7×5×8	3×4×8		472	632
西前室	5	6	8	1200	7×5×8	3×4×8		472	728
后室	44	15.5	13	88660			32×8×13	3328	85332

洞窟实有空间：约 86757.3m³

显然，第 3 窟的开凿状况与《华严经》叙述的“弥勒阁楼”有着吻合关系。作为中心标志，弥勒洞位于由前室顶部构成的平台上，有高高在上之感，是为“楼观”也。矩形洞中，交脚弥勒菩萨端坐其中，身边两侧明显塑造了双手合十的童子形象。由此可见，这一时期善财童子已然进入弥勒阁楼。与此楼观相联系，这个双窟开凿空间达 86757.3 立方米，正所谓“观察楼观，广大无量犹如虚空”也。

第 3 窟的双窟对称配置，除了两个完整对称的前室外，最突出的是矗立在平台上的两座三层佛塔（图 6–17），这也是云冈仅此一对的圆雕塔形。

图 6–17　第 3 窟外平台上的圆雕双塔

二、双窟的时代意义

双窟是云冈石窟中最有特色的洞窟组合形式，其洞窟开凿规模之大、表现内容之丰富、象征意义之突出，令世人瞩目。云冈双窟在特定的历史条件下表现了政治与宗教极其成熟的有机融合，凝聚了古代云冈艺术家丰富的宗教艺术创作才能，是任何其他洞窟无法比拟且不可及的。由此为主体形成的云冈中期石窟，已然是中国北方具有典型性的佛教石窟建筑。它的风格体系影响了北魏以后黄河流域的各石窟寺院。公元 5 世纪末期以后开凿的巩县（现为巩义市）石窟和龙门石窟中的唐代洞窟中，均出现了双窟形制的洞窟，其中龙门唐代时开凿的“双窟”就是当时为武则天和高宗李治开凿的（见《佛教石窟考古概要》第 124 页，文物出版社 1993 年 11 月出版）。不过巩县和龙门的双窟，无论洞窟规模还是双窟形制的设计都与云冈双窟有了很大的不同。

双窟是北魏云冈繁荣时代最流行的开窟形式。它的开凿不仅符合了云冈石窟开凿过程中的艺术审美要求，更主要的是受到当时社会政治因素的巨大影响。

按照普遍认为的云冈石窟分期，云冈中期洞窟的开凿时间（约 471—494）正值北魏帝国最为兴旺的时期。孝文帝拓跋宏通过在政治、文化、经济、社会习俗等多方面的汉化，将鲜卑贵族与汉族的世家大族结合起来，不仅缓和了当时的社会矛盾和阶级矛盾，促进了鲜卑族、其他边地民族和汉族的融合，更使得北魏国家的综合实力达到空前的高水平。而站在拓跋宏身后鼎力相助的是其祖母文明太皇太后冯氏。冯氏作为当时皇室的主要决策人物，为北魏政权在公元 5 世纪后半叶达到繁荣强大做出了最突出的贡献。冯氏是长乐信都人，出身北燕皇族，是鲜卑化汉人。其祖父冯弘是北燕开国皇帝文成帝冯跋的弟弟，在冯跋去世后，当上了北燕君主。定居龙城（今辽宁朝阳）的时间中，除却处理政务外，冯弘将自己的奉佛思想发扬光大，在城中大量塑造佛像，使龙城成为中国北方佛教中心。其兄冯熙也曾“自出家财，在诸州镇建佛图精舍，合七十二处，写十六部一切经。延致名德沙门，日与讲论，精勤不倦”（见《北史・外戚传》）。冯氏本人作为汉族大贵出身之女，不仅辅佐拓跋宏管理国家的政治、经济、文化等事务，也特别推崇佛教，曾于龙城建造“思燕佛图”。冯太后所表现出来的杰出政治才能和对佛教的推崇，一方面显示了她积累深厚的儒家治世的文化底蕴，另一方面也表现出她对外来文化吸纳为我所用的开放思想。从北魏鼎兴的局面即可感受到冯太后在北魏国家政权顶峰位置对大局的巨大影响。与此同时，正值云冈石窟中期洞窟开凿之鼎盛，双窟的大量出现，“应是当时北魏既有皇帝在位，又有太后临朝的反映。因为此时云冈窟室主要还是皇室工程。自太和之初，冯氏长期擅政之后，北魏亲贵多并称冯氏与孝文为二圣”（《平城实力的集聚和“云冈模式”的形成与发展》，见宿白《中国石窟寺研究》第 136 页，文物出版社，1996 年版）。关于“二圣”，宿白先生举出定县所出太和五年（481）《石函铭》并《魏书・高闾传》《魏书・杨播传附弟椿传》《魏书・程骏传》《魏书・李彪传》等记载的实例，加以佐证。又引用《辩正论》和太和十二年（488）《大代宕昌公晖福寺碑》记宕昌公王庆时造二区三级佛图事：“我皇文明自天，超界高悟……太皇太后圣虑渊详，道心幽畅……于本乡南北旧宅，上为二圣造三级佛图各一区”，考证出王庆时即是《魏书・阉官传》所列的王遇，亦即《水经注》和《金碑》所录的钳耳庆时。宿白先生认为，《金碑》所记钳耳庆时“为国祈福之所建”的窟室，据晖福寺“为二圣造三级佛图各一区”之例，推测亦是双窟，即今云冈第 9、10 窟。“由此可知，开凿双窟成组的窟室，是当时特定的政治形势的产物。”

七看佛塔

THE SEVENTH
angle of view
YUNGANG GROTTOES

佛塔，亦称佛图、浮屠、浮图，源于印度的“窣堵坡”，梵语 Stūpa，在佛教意义上，是埋藏佛舍利的地方，所以也叫“冢”，象征了佛的涅槃。因此，“窣堵坡”是印度早期佛教艺术最重要的塑造对象，也是佛教徒礼拜的主要对象。早在佛教石窟寺产生之前，佛教的最主要艺术塑造形象就是塔，所以佛教对塔的礼拜一直没有中断。直至今天，在有佛教信仰的地方还将塔作为重要的佛教崇拜物。关于在石窟寺中塑造佛塔，印度早期石窟中的塔堂窟就已经将塔置于石窟内部的最显要位置了。佛教及其艺术东传来到中国，虽然中心塔柱在洞窟中的位置、形象发生了许多变化，出现了新的形式，但塔在洞窟中起着重要作用这一点并没有改变。在云冈，现存各类佛塔近百座，不仅数量大，而且表现形式多样。这些塔形雕刻遍布于窟内洞外，出现在壁面高台，有雕刻在双窟外的圆雕塔和高浮雕塔，亦有雕刻在洞窟内的中心塔柱和壁面浮雕塔。

一、洞窟中心塔柱

在洞窟的中央位置矗立一个方形柱体，将洞窟的顶部与地面连为一体，这个方形柱体被称为中心柱。中心柱是塔（窣堵坡）的象征。用中心柱支撑的洞窟，称为中心塔柱窟。这种洞窟的平面往往也是方形，中心塔柱四面（东西南北）与洞窟内各壁面之间，形成可以通行、右绕礼拜的通道，因此也被称为“塔庙窟”。

中心塔柱窟的洞窟形制来源于印度早期“窣堵坡”崇拜的塔堂窟。塔堂窟通常窟内平面为圆形，上部为圆形半球穹隆顶，堂中心有一个圆覆钵塔（图 7-1）。显然，早期佛教石窟寺直接受窣堵坡崇拜的影响，只不过是将窣堵坡（塔）由室外移到了室内。

佛教艺术向东方传播以后，塔堂窟的形象发生了极大的改变。中国境

图 7-1 印度塔堂窟内景

内早期的佛教石窟寺，如新疆克孜尔、龟兹等石窟出现的类似于塔堂窟的中心塔柱窟，其平面大致为长方形，但两外侧壁有做直线者，通贯全窟；还有做折线者，根据中心塔柱前的洞窟宽度或大或小而调整。中心塔柱为立方体或长方体，顶部与窟顶相连，起支撑作用。顶部主要是纵券式，也有少量的穹隆顶、斗四套斗形顶、一面坡和平棊顶形式。这些形式的洞窟形制，可以视作中心塔柱洞窟从印度向中国内地的过渡形制。

云冈中心塔柱多为平面方形，也有平面呈长方形的，同时多数中心塔柱均雕刻为塔底大而塔身由下至上渐渐收分缩小的样式。塔柱四面同时开龛造像，并且各面内容基本一致、样式大致相同。云冈石窟现存 8 座中心塔柱窟，即第 1 窟、第 2 窟、第 4 窟、第 5–28 窟、第 6 窟、第 11 窟、第 13–13 窟、第 39 窟。其中第 13–13 窟内中心塔柱只开出胎形，其他 7 座塔柱表现了 7 种不同的形制：第 11 窟，二层通体式结构中心塔柱；第 1 窟，巨型塔基二层一斗三升拱瓦垅屋顶出檐式结构中心塔柱；第 2 窟，三层一斗三升人字拱瓦垅屋顶出檐结构中心塔柱；第 6 窟，二层瓦垅屋顶出檐的塔中塔结构中心塔柱；第 5–28 窟，二层瓦垅屋顶出檐结构中心塔

d　　e

a. 第 11 窟　b. 第 1 窟　c. 第 2 窟　d. 第 6 窟　e. 第 39 窟

图 7–2　云冈石窟中的 5 座中心塔柱

柱；第 4 窟，平面长方形的单层式结构中心塔柱；第 39 窟，中国阁楼式结构中心塔柱。其中，第 11 窟、第 1 窟、第 2 窟、第 6 窟、第 39 窟洞窟中的 5 座中心塔柱最为典型（图 7–2）。这些塔柱虽然平面均为方形，但造型与雕刻无一雷同，式样各异、多姿多彩、蔚为壮观，且表现出逐步中国化的进程，充分体现出云冈石窟建设的一致性与连续性，以及北魏匠师蓬勃、自信的创造精神。

如上所述，中心塔柱洞窟来自西域窣堵坡式“支提窟”。支提，集聚之意，以积聚土石而成之也。《僧祇律》云：“初起僧伽蓝时，先规度地。将作塔处，不得在南，不得在西，应在东，应在北，不侵佛地、僧地。应在西、在南作僧房。佛塔，高显处作。不得塔院内浣染、晒衣、唾地。得为佛塔四面作龛，作师子、鸟兽、种种彩画，内悬幡盖。得为佛塔，四面造种园林、花果，是中出花，应供养塔。……佛言：亦得作支提。有舍利者名塔，无舍利者名支提。如佛生处、得道处、转法轮处、佛泥洹处，得作菩萨像、辟支佛像。佛脚迹处。此诸支提，得安佛华盖供养。若供养中，上者供养佛塔，下者供养支提。”（唐道世《诸经要集》卷3）早在佛教之初的无佛陀形象时代，塔就是最重要的供养对象。印度著名的巴尔胡特塔、桑志大塔等早期窣堵坡塔，主要结构为塔基台、覆钵体和塔顶相轮等。阿旃陀石窟中的支提窟，大约是佛塔走进洞窟的初始。佛教北传之后，佛塔大概始如中亚民居建筑，出现了通体方形或多层样式。东汉时期，佛教进入中华，《魏书·释老志》记佛塔形式云：“自洛中构白马寺，盛饰佛图，画迹甚妙，为四方式。凡宫塔制度，犹依天竺旧状而重构之，从一级至三、五、七、九。世人相承，谓之浮图，或云佛图。”

魏收讲得很清楚，中国汉晋以来的塔，就是在古印度的窣堵波结构基础上，加重楼构建而成。现存云冈石窟内的各级塔雕，正是印度佛塔走向中国化的最初样式。诚如梁思成、林徽因、刘敦桢《云冈石窟中所表现的北魏建筑》一文所述：“云冈石窟所表现的塔分两种：一种是塔柱，另一种便是壁面上浮雕的塔。……云冈塔柱，或浮雕上的层塔，必定是本着当时的木塔而镌刻的，决非臆造的形式。因此云冈石刻塔，也就可以说是当时木塔的石仿模型了。……中国楼阁向上递减，顶上加一个窣堵坡，便是中国式的木塔。”

云冈石窟的佛塔可以说是无处不在。北魏当年山上山下浮屠林立，窟内窟外层塔庄严，一派佛国圣地景象。近年来的考古发掘显示，在石窟群东侧山顶、山顶堡墙东侧（第5、6窟上方）和堡墙西侧（第39窟以西），乃至西与云冈隔河相望的鲁班窑石窟山顶，都发现有北魏至辽代的寺院遗址。而这些初始状态的寺院，均以大型佛塔作为供养、礼拜中心，正即古人所谓“塔院”也。山下石窟的佛塔分布更广，首先是前面讲到的8座塔窟之塔，然后是矗立在洞窟外壁的塔，再就是洞窟内部壁面浮雕塔。窟外雕刻之塔，如第1、2窟窟门东西的单层石塔，第3窟前室顶上平台东、西两侧的三层石塔，第 5、6 窟外壁的三座九级石浮屠，以及第 9、10 窟前室东西两侧的两座九级塔（西塔约在北魏开凿时即已崩塌）等。最丰富多样的塔雕更在石窟内部，主要出现于双窟第 1、2 窟，第 5、6 窟，第 7、8 窟，第 9、10 窟和单窟第 11、12、13 窟等中期大型洞窟壁面。这些洞窟壁面的浮雕佛塔现存 140 余座，它们作为中国最为古老的各式塔样，具有极其重要的历史、建筑和艺术价值。

二、浮雕塔形

云冈第 6 窟和第 11 窟两个大型中心塔柱洞窟内，不仅有高大的中心

a

b

a. 第 11 窟南壁明窗东侧高浮雕屋顶层塔正面
b. 第 11 窟南壁明窗东侧高浮雕屋顶层塔斜侧面

图 7-3　第 11 窟南壁明窗东侧供养塔

塔柱，而且壁面上也布局了不少浮雕塔形。与此同时，在第 1、2 窟，第 5 窟，第 7、8 窟，第 9、10 窟，第 12 窟等中期石窟中的壁面上，也有计划地雕刻了数量不少的浮雕塔形。以其特点性质，这些浮雕塔可分为两种，一种是供养塔形，另一种为装饰塔形。

首先来说供养塔，其特征有三：一，以独立形式出现；二，多倾向于高浮雕；三，塔基或基下有供养人行列。此类单纯供养的佛塔，在云冈数量不多，且往往不够典型。第 11 窟约有供养塔 5 座，其艺术塑造引人入胜。其中，最为突出的是南壁明窗东侧的供养塔（图 7–3）。这座高浮雕方塔，三级结构，呈现出粗短壮实的风格。塔基宽大，供养人分男女两侧排列，簇拥博山炉而立。每层塔的檐下有大斗，侧柱上有转角斗拱，均为出一挑式具有象征意味的华拱。上层并列三龛坐佛，中层为交脚菩萨盝形龛及两个坐佛像龛，下层雕二佛并坐龛及一对侍立菩萨。塔顶为须弥座上覆钵塔，梯形山花蕉叶出化生童子，塔刹层叠相轮，顶部雕刻宝珠，两侧飘飞长幡。此塔与其他浮雕塔相比较，特殊之处在于塔身两侧侍立的身躯硕大的供养菩萨，以及塔顶上方以阴线刻出的华盖造型。由于该塔占据了一个佛像龛的位置，且具有供养与礼拜的完整性，因此与同壁其他佛龛一样，属于一个社会群体（即塔基雕出形象的供养人）出资雕刻、供养的独立形式。

该塔的高浮雕性质明显，塔体明显突出壁面，以至于能够立体雕出供养人和造像龛等不同层次形象。类似的高浮雕作品最特出者，是第 5 窟南壁两侧的大象驮塔造型，只不过那属于对称表现的壁面装饰塔，造形更为巨大和突出。不过，我们感觉两者在艺术创作上，应当有一定的沿承关系。其他类似的高浮雕供养塔还有第 11 窟其余的 4 座浮雕供养塔，即分布于南壁明窗西侧的五级浮屠、西壁中上层南侧的七级浮屠（图 7–4）、西壁七佛南侧的三级浮屠以及中心塔柱下层东北上角的层塔。

云冈具有供养性质的塔形，还见于晚期洞窟的第 26–1 窟（图 7–5）。

图 7-4　第 11 窟西壁中上层南侧供养塔

那是一个小型敞口洞窟，窟内正壁浅浅地雕出一座五层塔的雏形，再别无他物，显然属于没有完成的洞窟，而在等待出资义信的光临。但是，作为洞窟中唯一的形象，此塔实际已是供养、礼敬的对象了。

其次是装饰塔，特征有四：一是对称分布龛像两侧或单独立于两龛之间；二是多为浅浮雕；三是塔基位置没有或少有供养人形象；四是作为整体龛式造型的组成部分。在云冈，这是一种数量较多的佛塔形式，特别是龛像两侧对称雕刻的层塔，在洞窟龛像装饰中十分常见。第 11 窟中，有 10 余个双塔龛像，塔形既有外来的覆钵式单层塔，更有中国传统阁楼式多层塔；被装饰的龛式，既有圆拱龛，也有盝形龛，还有组合龛；双塔既有位于龛外两侧

图 7-5　第 26-1 窟北壁浮雕塔

图 7-6　第 11 窟东壁龛楣内装饰双塔的盝形龛拓本（引自水野清一、长广敏雄《云冈石窟》第八、九合卷）

图 7-7　第 11 窟明窗东壁底层两侧装饰一级佛塔的圆拱龛拓本（引自水野清一、长广敏雄《云冈石窟》第八、九合卷）

的，也有置于龛楣内两侧的（图 7–6），可谓形式多样、丰富多彩。如此众多的新式浮雕塔龛的出现，显然受到云冈中期石窟大量佛塔设计雕刻的影响。其中一些图像还具有特别的艺术表达和宗教含义。

例如 11 窟明窗东壁底层圆拱龛两侧的一对单层装饰塔（图 7–7），覆钵塔样式，须弥座上开二佛并坐龛，覆钵两侧为山花蕉叶，塔顶竖立三刹，呈“山”形。虽然半球形覆钵依然是塔形的主体，但须弥座式塔基和“山”形塔刹，均体现了云冈中晚期佛塔艺术形象特点。另一例是南壁明窗下西侧的一对由力士托举的五级装饰塔（图 7–8），不仅造型高大，而且是内夹两龛的做法，上龛为交脚弥勒，下龛为二佛并坐，这是云冈洞窟中罕见的装饰形式。交脚菩萨是未来佛，并坐二佛是释迦现在佛和多宝过去佛，这是云冈中期以后出现的“三世佛”组合，完全不同于云冈早期释迦居中，过去佛、未来佛侧立的“三世佛”传统格局，明确反映出云冈中

图 7–8　第 11 窟南壁明窗下西侧组合龛及其两侧五级装饰塔

后期佛教思潮的变化，即弥勒信仰的盛行。

三、云冈佛塔形制演变

云冈石窟的佛塔，自昙曜五窟初成之后，大约经历了从塔窟、塔寺到洞窟内外壁立的发展过程。其中心塔柱窟之塔的演变，渐趋中国化、多样化；其石窟壁面之塔，也日益中国化、多样化和龛式化，展现出北魏佛教与云冈艺术发展的独特魅力和内在规律。特别是石窟佛龛之间或龛像两侧雕刻塔形，是云冈中期洞窟壁面装饰的主要手段之一。自第 7、8 窟伊始（图 7–9），第 9、10 窟，第 1、2 窟，第 5、6 窟等，塔形具有强烈的规划设计性质，是这种装饰艺术的主创之

图 7–9　第 7 窟后室西壁第一层龛间方形塔

图 7–10　第 9 窟前室北壁明窗两侧双夜叉塔柱

地。从第 7、8 窟和第 9、10 窟壁面龛像间的外来方形层塔（图 7–10），到第 1、2 窟和第 5、6 窟的中华阁楼式层塔，充分展现了东西方文化碰撞、融合的历史进程。这种不同文明、不同艺术风格火花四溅的建筑、装饰艺术尝试，导引了云冈石窟激情迸发的创新运动。从国家工程中的中心塔柱与对称性塔形布局，到善信私人投资的小石窟、龛窟、壁龛中塔的运用，供养塔与装饰塔尽情发展，简约化、实用化、随意化的创作轨迹未曾停歇。在洞窟内壁，龛像之间的佛塔单独而立，犹如中心塔柱之设；龛像两侧的双塔，则是对中期大型石窟装饰塔的承袭，不仅有第 5 窟南壁对称刻出的大型中国式双塔（图 7–11），也有第 11、第 13 等窟装饰壁面龛像

a. 第 5 窟南壁东侧高浮雕大象驮塔
b. 第 5 窟南壁西侧高浮雕大象驮塔

图 7–11　第 5 窟南壁东西两侧大象驮塔

图 7–12　第 11–9 窟窟门两侧双塔

的双塔。与此同时，双塔又被创造性设立在第 5–23 窟、第 11–9 窟（图 7–12）、第 12–1 窟和第 12–2 窟等龛窟门两侧。总之，云冈中后期佛塔的循序渐进式演化，成为北魏佛教石窟艺术发展的一个缩影。

纵观云冈佛塔之塑造，虽然有覆钵塔、方形塔等印度及西方样式，但数量最大的还当是中华本土自汉代始业已成形的“阁楼式塔”。为便于读者较准确地认识云冈佛塔，我们引用古建筑学家梁思成先生于 20 世纪 30 年代在云冈做实地调查后发表的《大同古建筑调查报告》中所附《云冈石窟中所表现的北魏建筑》（见中国营造学社中华民国二十五年〈1936〉再版）一文中对云冈佛塔总结的九个特征，分列如下：

1. 平面全限于方形一种，多边形尚不见。
2. 塔的层数，只有东部第一洞（著者按：现编号第1窟）有个偶数的，余全是奇数，与后代同。
3. 各层面阔和高度，向上递减，亦与后代一致。
4. 塔下台基没有曲线枭混（著者按：装饰线角之一种）和莲瓣，颇像敦煌石窟的佛座，疑当时还没有像宋代须弥座的繁缛雕饰。但是后代的枭混曲线，似乎由这种直线枭混演变出来的。
5. 塔的屋檐皆直檐（但浮雕中殿宇的前檐，有数处已明显的上翘）无裹角法（著者按：装修形式之一种），故亦无仔角梁（著者按：古建筑木作结构的构件）、老角梁之结构。
6. 椽子仅一层，但已有斜列的翼角椽子。
7. 东部第二窟（著者按：现编号第2窟）之五层塔浮雕，柱上端向内倾斜，大概是后世侧脚（著者按：增加建筑结构稳定性的施工方式之一种）之开始。
8. 塔顶之形状，东部第二洞（著者按：现编号第2窟）浮雕五层塔，下有方座。其露盘（著者按：塔刹相轮）极像日本奈良法隆寺五重塔，其上忍冬草雕饰，如日本的受花，再上有覆钵，覆钵上刹柱饰，相轮五重顶，冠宝珠。可见法隆寺刹上诸物，俱传自我国，分别只在法隆寺塔刹的覆钵，在受花下，云冈的却居受花上。云冈刹上没有水烟，与日本的亦稍不同。相轮之外廓，上小下大，（著者按：东部第二洞浮雕）中段稍向外膨出。东部第一洞与中部第二洞（著者按：现编号第6窟）之浮雕塔，一塔三刹，（著者按：日本学者）关野谓为“三宝”之表征，其制近世所没有。总之根本全个刹，即是一个窣堵坡。

9. 中国楼阁向上递减，顶上加一个窣堵坡，便为中国式的木塔。所以塔虽是佛教象征意义最重的建筑物，传到中土，却中国化了，变成这中印合璧的规模，而在全个结构及外观上中国成分，实又占得多。如果《后汉书·陶谦传》所记载的不是虚伪，此种木塔，在东汉末期，恐怕已经布下种子了？

八看建筑

THE EIGHTH
angle of view
yungang grottoes

包括云冈在内的佛教石窟艺术是以石窟为表现形式的。云冈每个洞窟不仅是艺术装饰的舞台，而且也通过洞窟形制、龛式龛形、仿建筑雕刻等，不同程度地反映了公元5世纪包括中国传统**建筑**在内的东西方建筑文化在这里融合、发展的形势和特色。

一、洞窟形制

洞窟内外整体的构成形状、样式、结构，统称为石窟形制。云冈的洞窟形制在继承传统石窟形制的基础上积极创新，展示了北魏云冈时期佛教艺术在洞窟形制上的继承性和时代性。

1. 穹隆顶大像洞窟

穹隆顶大像窟是云冈早期洞窟最主要的形制。昙曜五窟（第 16—20 窟）和中部窟区的第 13 窟、第 5 窟皆为这种洞窟形制。这种形制的洞窟是为安置大型佛菩萨像而设计的，因此洞窟的规模都很大。其中第 5 窟是云冈石窟最大型的平面椭圆形穹隆顶洞窟（图 8–1）。龛内佛像高 17.4 米，是云冈石窟的最高佛像。

云冈的这种窟顶形制被视作“印度草庐式”结构形式，亦有中国古代北方少数民族“毡房”之说。其实，在石窟寺开凿的发展过程中，以后开

图 8–1 第 5 窟内景

凿的形式必定是以曾经开凿的石窟样式为基础，经过当地当时文化影响而形成一种新的艺术形式。印度早期石窟主要表现形式是中有圆形塔柱（礼拜塔）的所谓塔堂窟。这种具有强烈的印度传统文化风格、最原始的石窟形制，影响着以后世界各地开凿的石窟，云冈石窟亦不例外。

云冈石窟中的穹隆顶大像窟平面为椭圆形，应是由宗教活动内容和形式所决定的。洞窟中的主要敬拜对象为高大佛像，而这些主佛像多呈坐势，同时，又要体现“三世佛”（主像两侧塑造胁侍像）的主题，而平面椭圆形则是最适合这种需求的。

在洞窟内壁面的布局中，平面的圆形化使不同方向（东西南北）各壁面之间不会有明显的分界，较容易将所有壁面作为一个整体来对待，从而使雕刻内容成为完整的统一画面。除了早期的昙曜五窟，中期的第 5 窟、第 13 窟外，晚期的第 23 窟和第 40–7 窟等也是穹隆顶的形制。

2. 中心塔柱洞窟

正如上章起始所说，在洞窟的中央位置矗立一个方形柱体，将洞窟的顶部与地面连为一体的洞窟，称为中心塔柱窟。

中心塔柱窟在云冈有 8 个，即第 1 窟、第 2 窟、第 4 窟、第 5–28 窟、第 6 窟（图 8–2）、第 11 窟、第 13–13 窟、第 39 窟等。除第 5–28 窟和第 13–13 窟两个附属洞窟为未完成的工程外，其余均是规模较大且塔柱雕刻蔚为壮观的洞窟。

在佛教艺术的发展过程中，有过两种佛涅槃的表达方式：在佛陀像还没有出现时，早期的佛塔（窣堵坡）不仅象征佛的存在，更象征了佛的涅槃；到了佛陀形象出现以后，才始有佛陀躺卧的图像塑造，以表示佛的涅槃。到公元 5 世纪，在既有佛塔又有卧佛的表现形式下，云冈毫不犹豫地选择了前者。佛塔的佛教意义不可改变，但因时间、地点的变迁，佛塔的形制形式则表现出变化多样的发展趋势。就云冈中心塔柱而言，首先是第

图 8-2 第 6 窟中心塔柱

11 窟的外来样式，然后是第 1、2 窟和第 6 窟的中外融合样式，最后在 39 窟则出现了一座完整的中国阁楼式佛塔（图 8-3）。循序渐进地接收、融合、改造、创新，亦是云冈艺术最突出的特点之一。

3. 前后室结构洞窟

洞窟分为前后两室的做法，也源于印度早期石窟寺的开凿。为了使前后室结构形制的洞窟在满足宗教礼拜和艺术欣赏时，与单室窟具备同样的照明条件，即使人们在后室也可以清楚地观瞻到壁面的形象画面，呈前后室结构形制洞窟的前室往往要做到不遮挡自然光线，并保证光线最大限度

图8-3 第39窟中心塔柱

进入后室。为达到这样的要求，前室的设计就必须突破传统洞窟的封闭性。因此，呈前后室结构洞窟的形制变化往往突出地表现在前室结构的变化上。

在云冈，前后室形制的洞窟大约可以分为 4 种。第一种是前室露天前后室结构。第 7、8 双窟即是这种形制的洞窟（图 8-4）。此组双窟，呈方形的前室露天，面积大于呈长方形的后室面积。由前室北壁进入后室，采用了传统的拱形窟门，并在窟门上方开拱形明窗，这样就为后室提供了充分的采光条件。

第二种是前室列柱前后室结构。第 9、10 窟（图 8-5）和第 12 窟即

图 8-4　第 7 窟前室

是这种形制的洞窟。此种洞窟的前室进深较浅，面积小于后室。洞窟的前壁均是起支撑作用的列柱，这样的设计减少了占用的空间，同时也为窟内提供了最大限度的光照。

第三种是前室低顶前后室结构。第3窟即是这种形制的洞窟（图8–6）。这个洞窟规模为云冈最大，其形制结构之奇亦是云冈石窟之唯一。窟外宽阔平台（长约50米）前壁雕刻东、西二窟门及其左右明窗；平台上中央置凸出方形弥勒窟；两侧为圆雕三重双塔；立壁东、西各开明窗。

第四种是前室凿洞中洞前后室结构。第31窟即是这种形制的

图8–5　第9窟前室北壁和东壁

图8–6　第3窟后室内景

图 8-7 第 31 窟前室西壁中层洞中洞

洞窟。在晚期洞窟中，它属于规模较大型洞窟。其中前室东壁上方南侧并排开凿两个洞窟，西壁下层西侧有一个洞窟，中层西侧并排两个洞窟（图 8-7），其中只有一个与地面平行，可供人们进入。

4. 明窗与窟门

明窗和窟门是云冈石窟几乎所有主要洞窟必然具备的构成要素。这种上明窗、下窟门的洞窟外部形式，首先是由石窟寺艺术的继承性所决定。在石窟寺发源地印度，保留至今并可以直观其外部面貌的早期石窟寺基本都是这样的形式。其次是大型洞窟的必需。云冈石窟主要洞窟高度多在 10 米以上，如此大型洞窟的窟内光线需求，不仅需要依靠窟门，更需要通过明窗来实现。因此，明窗和窟门是云冈洞窟必不可少且相互伴随的基本建筑形式。与此同时我们还看到，无论是印度早期石窟，还是云冈石窟，在充分发挥明窗和窟门的通行和照明的基本功能外，都在明窗和窟门内外上下雕刻了众多宗教信仰内容，有的还以浓重的艺术化设计，使明窗和窟门显现出超越其基本功能的特色。

云冈早期的平面椭圆形穹隆顶的大像窟，明窗规模大大超过窟门，彰显了明窗的采光照明功能。其中表现最突出的是第 18 窟（图 8-8），该窟明窗是窟门所占壁面面积的 3.6 倍之多！加之昙曜五窟所有洞窟南北进深较小，使得进入洞窟中的光线均非常良好，不仅正壁和东、西两壁的雕刻内容明亮清楚，就连背靠明窗的南壁，在大面积明窗余光和北壁光线的反射作用下，其雕刻内容也无比清晰。

图 8-8　第 18 窟外景

与早期洞窟相比较，云冈中期洞窟中的窟门、明窗之设计雕刻发生了一系列变化。虽然部分洞窟依旧继承了早期的形式，但第 7、8 窟，第 9、10 窟等方形洞窟的明窗和窟门所占壁面面积之比则发生了逆转性的变化。其明窗和窟门尺寸大小正好与早期洞窟形成相反局面，即不是明窗大于窟门，而是窟门大于明窗。早期洞窟中明窗和窟门比例上的“头重脚轻”视觉效果得到明显改观。

最具历史意义和艺术价值的，莫过于出现在第 9、10 双窟的两个过梁式方形窟门了。其中第 9 窟最为典型，这是一个由一斗三升人字拱支撑的瓦垄顶门楼（图 8-9），云冈从此出现了中国传统建筑的仿制雕刻。与此同时，洞窟也没有摒弃旧有的拱形窟门形式，由后室南壁看，还是一个拱形窟门，由此形成内圆外方两种窟门的结合体。这个划时代的艺术创作，不仅使窟门的形式有了新的变化，同时也使造像龛出现了中国式的屋形龛。

与方形窟门相对应，第 12 窟还雕刻了方形明窗（图 8–10）。其设计之严谨和雕刻之精巧，在云冈洞窟的明窗设计雕刻中具有特别意义，并被运用于中晚期的洞窟明窗开凿中，如第 3 窟前室、第 4 窟、第 31 窟、第 39 窟等洞窟均开辟了方形明窗。

与上开明窗、下辟窟门的云冈多数洞窟不同，第 3 窟出现了与众不同的窟门、明窗设计。从外部观察，第 3 窟拥有东西宽约 50 米的巨大型统一布局前庭，窟外设置高约 7 米、进深约 7.5 米的平台。因平台内部分成东、西两个独立的前室，所以平台前壁出现了东、西两个拱形窟门，各窟门两侧又出现两个方形明窗，形成双双对称局面。通过前室进入后室的拱门与前室窟门规模形式相仿，但由于后室顶部高度大大抬高，为了提高窟内有效照明，在东、西两拱门的上部均开凿了较大型的拱形顶明窗。

左：图 8–9　第 9 窟前室北壁窟门和明窗
右：图 8–10　第 12 窟前室北壁窟门和明窗

显然这是云冈其他洞窟没有的特例。在前室窟顶较矮，室内宽度较大的条件下，要达到洞窟中较为理想的照明水平，古人采用了最为合理的做法，即在窟门两侧对称开凿明窗，从而使窟内光线充足，也使视觉上达到东西对称的美感。从第 3 窟特殊的窟门、明窗设置可以了解到，窟门和明窗的设置与洞窟形制有着直接的联系。

随着洞窟规模日趋小型化和雕凿技艺的成熟，云冈晚期洞窟的窟门、明窗设计更加多样化。因中心塔柱洞窟的单一明窗不能满足洞窟内采光的需求，在云冈晚期的第 4 窟和第 39 窟，就采用了一门二窗的设计（图 8-11）。我们看到，虽然这两个洞窟的中心塔柱在窟中占据了较大面积，但由于南壁前所未有地在窟门上方两侧各开辟了明窗，两明窗位置正对着塔柱东、西两侧的通道，使光线可直接照射在洞窟内的北壁，同时也自然地辐射到中心塔柱和洞窟内的东、西两壁，这样就使洞窟中各个位置同时明亮起来。

图 8-11 第 4 窟外景

二、造像龛式

装饰佛像或者其他佛教人物的仿建筑形式的雕刻个体单位就是造像龛。由于造像龛所装饰的对象是佛陀或其他佛教人物，因此，人们（艺术家）往往以当时、当地最具代表性和最精美的建筑形式作为样式加以利用。比如最早出现的圆拱龛和盝形龛，就是以印度拱形建筑和盝形建筑为样式创作的。这种仿真实建筑的美术创作，以石雕的形式加以表现，产生出最生动的艺术作品。所以，佛教艺术产生后不久就出现的这种建筑形式模型化的东西，一直得到普遍地运用，并随着佛教艺术的不断发展而发展，出现了众多不同形式、体现不同民族建筑风格的造像龛。云冈石窟作为公元 5 世纪产生的世界上最大型化的石窟群，不仅总结继承了佛教雕刻艺术产生以来收获的巨大成果，而且由于开凿于中华民族世代繁衍生息的土地上，因此也大量地吸收使用了汉民族和其他居住民族的文化元素，使这一划时代的佛教石窟寺成为具有强烈世界性意义的艺术杰作。云冈石窟造像龛主要有圆拱龛、盝形龛、宝盖龛、屋形龛、方形龛、塔形龛、残存犍陀罗浮雕柱式龛，以及重龛和龛式组合等。

1. 圆拱龛

圆拱龛其形状原型为印度建筑样式。龛的两侧以柱体支撑，龛柱上端中央顶部为向上的尖角，两侧对称呈弧形下垂，内侧为圆拱形状与外侧线条同时下垂至龛柱底端，形成一个完整的内拱顶尖的单元体。由于其顶尖特点，也有称尖拱龛的。

随着艺术塑造形态的变化发展，云冈石窟的圆拱龛造型也呈现多样化。早期形式主要吸收了外来单薄形的轮廓形式，如第 17 窟南壁窟门东、西两侧的两个圆拱坐佛像龛（图 8–12a），尽管龛式结构严谨，内外设计雕刻非常精细、内容丰富，但龛式本身则显得简单了很多。此龛并未设计雕刻龛柱，龛式楣面似为悬于空中。这种具有早期风格的圆拱龛式没有持续多久就被雕刻内容丰富的新形式取代了。在同一洞窟内的另一圆拱龛就出现了在楣面上雕刻坐佛像的情形。出现在第 17 窟明窗东壁的一个二佛并坐圆拱龛成为最具代表性的一例（图 8–12b）。虽然此龛仍然保持了接近方形的形状，但楣面已经大大地加宽了，因此上面可以毫不费力地布置若干互不紧靠的坐佛。楣尾的龙首反顾图形也被作为重要内容刻画出来。下边的龛柱虽为素面，却塑造为下大上小的“收分”式，给人以稳定之感。

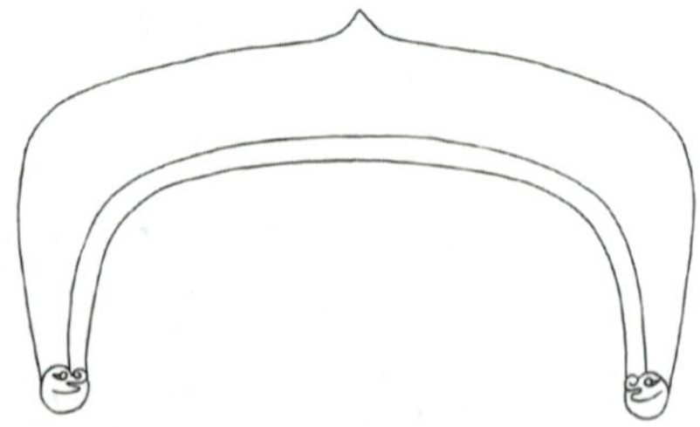

a

b

图 8–12a　第 17 窟南壁窟门圆拱坐佛像龛龛楣
图 8–12b　第 17 窟明窗东壁二佛并坐圆拱龛龛楣

随着云冈中期洞窟的开凿，圆拱龛的形式又发生了新的变化。首先是龛形渐渐由近似方形逐渐变长，内侧装饰边更加突出明显，在突出佛陀像的同时，龛式内外还雕刻大量护法供养形象，龛柱也出现了多样化形式。其中第 8 窟后室东壁的四天王奉钵坐佛像圆拱龛（图 8–13）很有代表性：龛楣面分布 9 身供养天人形象；沿楣拱雕刻众飞天簇拥莲花图案；两侧楣尾的龙各踩束帛和组合忍冬；四天王形象置于紧靠龛柱的位置，以此加强了龛柱的稳定感。

与此同时，在一些较简单的中期圆拱龛式中，尽管内容表现不十分丰富，却在形式

左：图 8–13　第 8 窟后室东壁四天王奉钵圆拱龛
右：图 8–14　第 11 窟西壁中层坐佛像圆拱龛

上显示出了结构合理、装饰意味浓烈的特点。它们将内置坐佛像的圆拱龛式形状塑造为纵向长方形（图 8–14），产生了视觉拉长的效果。

云冈晚期圆拱龛形式远不如中期那样豪华、繁缛，在雕刻内容上有的似乎又还原到早期形式中去了。但这种还原是综合了早、中期的特点，并加以合并而成的形式，虽然楣面雕刻内容简单到只塑造坐佛的程度，但其圆拱形状则表现为圆形，楣尖也雕刻得更加向上耸起。

与晚期秀骨清像的人物造型相关联的圆拱龛变化形式，突出地表现在一些小型洞窟中，有代表性的是第 5–11 窟西壁的坐佛像圆拱龛（图 8–15）。此龛龛楣尖顶高举，宽阔的楣面塑造 7 尊秀骨清像式的坐佛像，两侧楣尾的龙首反顾也置于楣面内，左右两侧细长的素面龛柱进一步将整个龛式拉长，龛式也显得“秀骨清像”了。

2. 盝形龛

盝形龛与圆拱龛一起构成云冈石窟最常用的基本龛式。它们同时由西方传到云冈而扎根。这种龛式虽然也表现了佛教建筑物的形态，但又似乎更加民间化或社会化。因此其装饰的对象多为菩萨像。同时，由于其具有很强的艺术可塑性，使得盝形龛在洞窟中的表现更加多样，甚至被作为洞窟中装饰主要造像的大型龛式。

图 8-15　第 5-11 窟西壁坐佛像圆拱龛

云冈早期盝形龛最为突出的特点是造型朴拙而样式灵活。整个龛式没有齐整的直线，如出现在昙曜五窟多处的弥勒三像盝形龛，无论是龛式、龛楣，还是其他装饰，均表现了以下这些特质，以 18 窟南壁西侧中层盝形龛为例（图 8-16）：首先是龛式的整体结构为横向长方形状，两侧与其他雕刻有明显的分界，使得龛形更加完整化；其次是楣面方形格较为规范，多个盝形格基本平均分配，两侧的“八”字斜格雕刻为 3 个，并且呈弯曲状；再次是楣面下侧的帷幕雕刻为下垂的

图 8-16　第 18 窟南壁西侧中层盝形龛

方形凸出纹饰，虽然整齐划一，但显得粗糙笨拙。早期盝形龛内的主像是交脚菩萨及其两侧思惟菩萨，楣面格内往往间隔雕刻飞天与莲花。

中、晚期洞窟是云冈石窟造型艺术最成熟和辉煌的部分，与此相适应，最容易被多样化装饰的盝形龛也被委以重任。首先是将盝形龛运用于洞窟正壁，作为大型主像的龛式；其次是更加注重装饰，并不断强化龛式形象的整齐规范性，从而表现出龛式内容相对稳定、形式变化多样的特点。

鉴于将弥勒作为主像的洞窟宗教意义之体现，将三间式盝形龛以通栏的形式置于洞窟正壁，是不少中期大型石窟造像的重要特点。第 1、2 窟，第 6 窟，第 7、8 窟均是这种安排。以第 7 窟后室北壁上层盝形大龛为例（图 8–17），龛式结构是以横向占满整个壁面为基础的，其上下高度约 6.5 米，而横向距离达到 8 米以上，其突出特点有四个：首先是盝形格以中心线为界，两侧对称平均布置大小相同、数量相等的盝形格。其次是楣面两侧“八”字斜格的直线化。直线化的结果是在末尾又增加了一个平行格，使整个楣面完整化。再次是注重装饰性雕刻。这一点突出地表现在

图 8–17　第 7 窟后室北壁上层盝形大龛

楣面上方布局的天宫乐伎龛中。同时在楣面下侧的帷幕挽结处雕刻了兽面装饰和下垂的飘带，附着弧形帷幕还装饰了 4 身形象生动的飞天形象。最后是龛中内容的特殊化布局。龛中心为交脚弥勒菩萨，两侧各雕刻一尊倚坐佛像，两侧末端又各雕一尊思惟菩萨（见图 2–19 上部）。此外，由于楣面和帷幕均雕刻于前方，使龛内空间加大而实现龛内造像大型化。

壁面布局中的三间式盝形帷幕龛，是云冈中期洞窟壁面上常见的盝形龛形式。由于经常与其他龛式同时出现在同一壁面上，因此其龛式整体及其龛内空间均不大。较典型的是第 6 窟东壁中层南侧的佛陀鹿野苑初次说法坐佛龛（图 8–18，彩图见图 3–14）。该龛式的主要特点是将龛楣下的空间以龛柱分为三间，龛柱的支撑点位于八字格与楣尾平行格之间，使明间较宽，两梢间较窄，因此龛式结构既不是装饰 3 尊造像（中间为交脚弥勒菩萨，两侧为思惟菩萨）的横向长方形状，也不是只装饰一尊造像（交脚菩萨或倚坐佛像）的纵向长方形，而是接近方形的龛式结构。

图 8–18 第 6 窟东壁中层南侧三间式盝形龛

三间式盝形帷幕龛式的出现，不仅使云冈的盝形龛多了一种变化形式，同时还扩展了盝形龛的运用范围，使盝形龛在云冈的使用更加频繁。多种龛柱的使用也使盝形龛的形式更加多样。第 7、8 窟后室东西壁、第 12 窟前室北壁明窗两侧等位置的盝形龛以方形层塔为龛柱（图 8-19）；第 11 窟和第 13 窟等洞窟壁面上，则雕刻了龛柱为阁楼式层塔的盝形龛（图 8-20）；第 9、10 双窟则出现了装饰艾奥尼亚式柱头的龛柱（图 8-21）等。

图 8-19　第 12 窟前室北壁明窗西侧盝形龛

图 8-20　第 11 窟东壁中层盝形龛

图 8-21　第 9 窟前室北壁盝形龛

在第 11 窟西壁和第 13 窟东壁，还各出现了一个装饰极为隆重的盝形龛。第 11 窟的盝形龛位于西壁上层南侧（图 8–22）。这是雕刻了以交脚菩萨为主像、盝形龛楣为中心的方形帷幕与盝形帷幕共同组成的重龛。方形龛帷幕下，连续 7 个圆拱联龛内各坐一尊禅定佛像，座下单瓣莲花台严整秀丽，两侧下垂帷幕束腰结带，简洁大方。特别引人入胜的是盝形龛龛楣的装饰设计：一是重复设置龛楣线，并将内外龛楣线以短线连接，突出了双线结构的整体化特征；二是所有龛楣线内均以椭圆形连珠纹装饰，华丽美观。10 个盝形格内各雕飞天一身。楣下两侧龛柱分 4 层，下两层各为两尊坐佛像，上两层分别为飞天与胡跪供养天人。

出现在第 13 窟东壁的盝形龛是由两个盝形龛龛楣结构叠加为一个盝形龛的形式，在云冈只此一例。在该洞窟东壁琳琅满目、大小不一的各类

图 8–22　第 11 窟西壁上层南侧龛楣双线装饰盝形龛

龛式中，位于壁面中层的这一装饰了交脚菩萨和两侧供养菩萨的三间式盝形龛显得尤为突出（图 8–23）。其龛式内容丰富、装饰意味强烈：用连珠纹装饰的上下两层共 15 个盝形格（上 8 下 7），以下层中央格坐佛像及其两侧供养像为中心，下层 6 格各雕刻对向伎乐天，上层 8 格各雕刻对向飞行天人像；龛楣下方弧形帷幕上，以飞天手牵交叉式璎珞为装饰；龛楣顶上整齐排列供养僧人 16 身，以中央格为中心，对称分布；龛前下方铭记位置两侧各雕 7 身男女供养人像。

3. 宝盖龛

宝盖龛顾名思义是以宝盖为龛的形式。其主体内容是宝盖。由于这种宝盖雕刻华丽且美感强烈，因而也称为华盖或花盖。其形式来源于印度本土民间风俗，形成的原因大概是地域气候条件。《妙法莲花经玄赞》说：

图 8–23　第 13 窟东壁重龛楣盝形龛

"西域暑热，人多持盖，以花饰之，名为花盖。"显然，以宝盖避暑遮阳是人们对自己和对可尊敬的人的一种爱护。这种爱护至于佛，就更加虔诚了。佛典说，释迦牟尼成就佛道后，到各地宣讲佛法，收授弟子，人们将佛陀的这种行为称之为"游行教化"。佛教艺术中将立佛像以宝盖装饰的雕刻（或绘画），充分显示了佛教徒和佛教艺术家对佛陀"游化"活动的赞美之情，表示了对佛法的敬重。所以，在印度早期佛教艺术及犍陀罗艺术中，就出现了将佛像置于树叶下的石雕形象。而出现在云冈的类似形象，就是将立佛像塑造在造型规范的宝盖之下。

第 18 窟东、西壁的立佛像头顶上的宝盖，是云冈宝盖龛雕刻中最具立体感的宝盖样式（图 8–24）。这种云冈最早出现的宝盖分为两层雕刻，上层雕刻为方形格横向组合，格内均以飞天形象和莲花填充，下层则以下垂三角帷幔纹装饰。中期的立佛像顶上宝盖，以第 9、10 窟和第 6 窟最为典型。第 9、10 窟的三处立佛像宝盖龛，均表现了佛教因缘和本生故事场面。较清楚的故事内容是第 9 窟后室南壁的"二兄弟出家"和第 10 窟前室东壁的"布发掩泥"。此三处宝盖龛之华盖雕刻（图 8–25）与第 18 窟的立体式高浮雕宝盖不同，此窟的宝盖为一般浮雕形式。但两者的图案纹饰则基本一致。

图 8–24　第 18 窟胁侍佛像顶上宝盖

图 8–25　第 9 窟后室南壁东侧立姿佛顶上宝盖

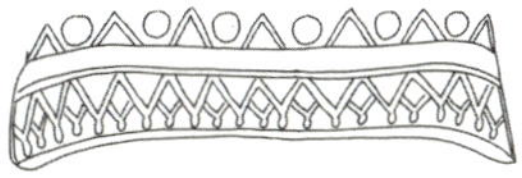

图 8-26　第 6 窟中层立佛像顶上宝盖

最具艺术感染力的是第 6 窟中层立姿佛像头顶上的宝盖（图 8-26）。11 尊神采飞扬的立佛头顶上所覆宝盖，当是云冈石窟成熟时期最具代表性的作品。宝盖正面中部呈平行结构，两侧为滚圆形状的高浮雕形式。并且伞盖下面雕刻为较深的槽，以达到在外观形象上接近真实伞盖的形状，形象生动自然，美不胜收。

除以宝盖龛装饰立佛像以外，在第 7、8 双窟中还出现了以这种龛式装饰坐佛像和文殊菩萨的情形。

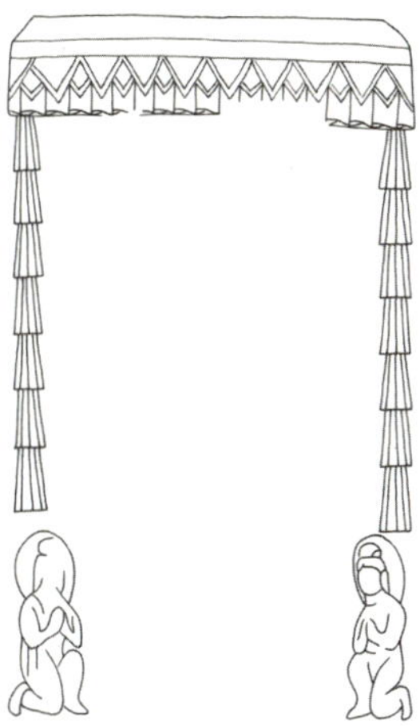

图 8-27　第 14 窟前室西壁上层宝盖龛

外形有所变化的宝盖出现在第 14 窟前室西壁上层的交脚菩萨宝盖龛中。这个龛在宝盖的左右两侧装饰了下垂的流苏，流苏之下还雕刻了左右两身对向胡跪供养天人，似为宝盖之"龛柱"，俨然构成完整的纵向长方形龛式（图 8-27）。这种看起来极具规范性的龛式结构，打破了以往宝盖龛只有宝盖没有龛式规范，致使龛内造像完全自由的传统，是宝盖龛的创新形式。这一规范性的宝盖龛虽然没有被大量使用，但为以后出现方形龛奠定了重要基础。

4. 方形龛

众所周知，云冈晚期洞窟表现出了龛式类型复杂、式样变化明显的特点。而方形龛就是在这个时期出现的一种新的龛式。这种龛式既装饰佛像，又装饰交脚菩萨像。

从上述第 14 窟西壁上层宝盖两侧下垂流苏纹的造像龛观察，方形龛式来源于宝盖龛。我们相信，从过渡状态到定型状态，并没有用很长的时间。古代云冈艺术家将更多的装饰图案赋于这种图案性极强的龛式中，使龛式龛楣装饰变得更多层叠、更为繁缛，甚至在帐式帷幔上还雕刻了象征护法的兽面，并将过渡龛式中两侧下垂的串式缀饰物——流苏，置于帷幕外侧以做边饰（图 8–28）。在第 33–3 窟的北壁方形龛中（图 8–29），不仅将龛式顶部的宝珠雕刻为颇有立体感的莲花，同时，龛式的帷幕没有雕刻挽结，而是以两道帐挽将帷幕固定于两侧，表现了生活中真实帷幕的实际使用状态。而且，龛式两侧的流苏也变为浅浮雕铃铎了。

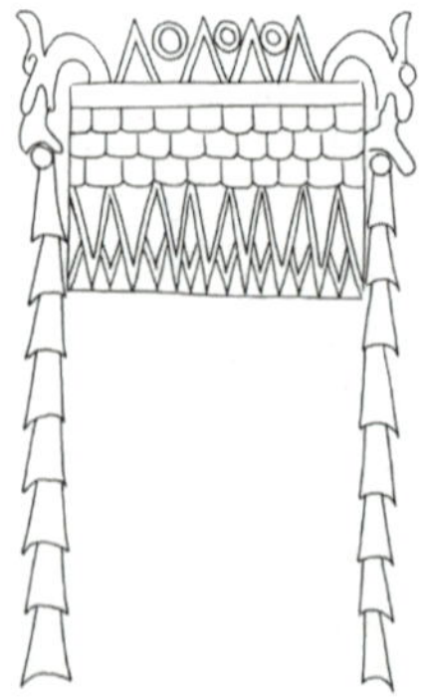

图 8–28　第 32–12 窟北壁方形龛

图 8–29　第 33–3 窟北壁方形龛

在第 13–4 窟东侧列柱的东面中段上侧，出现了一个深深地凹入壁面的方形龛（图 8–30）。此龛呈纵向长方形状，除了没有雕刻帷幕外，其他内容的雕刻均为纵向瘦长状态，与晚期造像的所谓“秀骨清像”相得益彰。

图 8–30　第 13–4 窟东侧列柱中段上侧的方形龛

5. 屋形龛

所谓屋形龛，即是指以中国传统瓦垄屋顶覆盖的造像龛。因为在我们看来，只有这种瓦垄式的屋顶才算是屋顶，其他形式的覆盖物似乎并非“屋”的模式，所以只将这种形式的造像龛称为屋形龛。其实，佛教造像龛的各种形式均是以不

图 8-31　第 10 窟前室西壁上层屋形龛

图 8-32　第 10 窟前室东壁上层屋形龛

同社会生活中的屋形为基础造型的，只是瓦垄屋顶代表了中国风格罢了。

云冈最早的屋形龛出现在第 9、10 双窟之中，从此这种中国式的佛教造像龛开始发展，并被众多佛教石窟所采纳。也就是说，以中国瓦垄屋顶形式作为佛教造像龛式，是云冈艺术家的新创造。作为与传统佛像龛具有同样功能的屋形龛，中国传统瓦顶建筑式样在云冈不仅有不俗的表现，而且呈现出运用上灵活性的优势。

第 9、10 窟的屋形龛不仅是云冈出现最早的屋形龛，而且也是表现最为隆重突出的屋形龛。以柱式斗拱瓦顶建筑式样为装饰而覆盖佛菩萨像的屋形龛，将屋顶以下空间以柱子分为三间，装饰华丽、雕刻细腻，形成近似宫殿式的佛像龛形。而且，作为双窟的9、10窟，在龛式的设计上也表现出了形制对称统一的特点，以屋形龛的龛式柱为例：第9窟前室东壁与第10窟前室西壁为棱柱对称（图8–31），三间龛雕出两柱，左右两边柱则以思惟菩萨背后的树形替代；第9窟前室西壁与第10窟前室东壁龛式柱则为对称的方形层塔（图8–32），三间龛由两根完整层塔柱和两边不完整层塔柱支撑。同时，对称中又有变化：第9窟层塔中雕刻千佛像，体现佛的供养；第10窟层塔中雕刻单夜叉，体现护法思想。

在云冈，与传统圆拱龛、盝形龛在构图运用（高宽比例）上较一致的屋形龛很少，仅在第11窟和第13窟发现了少数几例高宽比例与传统龛的高宽比例接近的屋形龛式。从画面直观看，以瓦顶建筑式样作为基本龛形，其装饰余地较小，效果远不及传统龛形美观豪华。但作为龛形多样化的组成部分，屋形龛则有着不可替代的地位。其中出现在第11窟西壁的屋形龛（图8–33），虽然规模不大，位置也不突出，但却是大型洞窟中龛形多样化中最突出的龛形。其整体形象与中国传统建筑形式基本一致，屋顶、龛柱等各部分比例适当，瓦垄、斗拱亦写实逼真。

图8–33　第11窟西壁斗拱柱头屋形龛

九看乐舞

the NINth
angle of view
yungang grottoes

云冈石窟开凿于世界佛教石窟建设第二个高潮期的公元5世纪，亦为中华大地上第一次佛教石窟的大规模建设。经过数百年的文化互通，中西艺术的融合发展已然在这个具有特别开放性、改革性、创新性的民族融合时代爆发了。那些似乎可以为人生解惑的佛教道理及其成熟的艺术作品沿丝绸之路而来，自然而然地出现在北魏京城附近的武州山麓，并在佛教雕刻艺术家学习继承外来文化、艺术的前提下不断创新，打造出既有传承，又有自身特点的佛教艺术形式。无论宗教思想的描述，还是雕刻艺术的精心塑造，云冈表现出的有计划性、系统性和完整性的特质，独树一帜、举世无双。其中配合佛菩萨像体现佛国世界歌舞升平的**乐舞**形象，很有创新性，成就了一幅幅使人心情愉悦的乐舞图像，受到人们千百年来的赞叹和追捧。

在云冈，能够体现乐舞特性的人物形象多样，体量大小不同，他们在烘托护持佛法和供养佛陀的宗教氛围时，也寄存了无尽的乐舞艺术内涵。无论是各类乐伎人物的形态表达，还是多种古乐器的雕刻展示，无不给人以无尽的遐想和启迪。云冈石窟通过塑造佛教中的飞天、护法形象，不仅真实记录了公元 5 世纪欧亚大陆不同文明碰撞交融下的雕刻艺术的日臻成熟，而且更值得关注的是，云冈所塑造的乐舞形象，其面部的神态、多样的身形、婀娜的舞姿，都十分真实合理，似为模拟真人的状态。可以推断，云冈这些生动的形象来自于北魏皇宫、贵族以及寺院、民间鼓舞伎人，云冈以石雕的形式将他们永久定格在了艺术的“丰碑”之上。

一、乐伎、乐器、乐队

佛教艺术中，手持乐器或虽不持乐器却正演唱、起舞的单体人物，被称为乐伎，由多位乐伎组成的乐伎群，被称为伎乐。佛教自创始，就将音乐表现置于重要地位，称为“梵呗”。《高僧传·十三》曰：

> 天竺方俗，凡是歌咏法言称呗。至于此土，咏经则为转读。歌赞则号为梵呗。昔诸天赞呗，皆以韵入弦管。五众既与俗违，故宜以声曲为妙。

在佛教的意识形态中，护法八部众之乾闼婆和紧那罗就是手执乐器做乐或不执乐器做舞的形象。但云冈石窟雕刻的乐伎人物形象并不局限于飞天形式的乾闼婆和紧那罗，亦有其他形象（如夜叉、供养等）。同时乐伎形态的表现、手执乐器的种类等也均表现出更加宽泛于乾闼婆和紧那罗形象的范围。

音乐是人类社会最重要的文化活动之一。音乐可以激励人的情感，可以调动疲惫的身体，可以唤起人们失望的灵魂，可以感化丧心病狂的妖魔。因此，包括佛教在内的一切宗教都视音乐为力量的源泉之一。

佛教东传中国，众多佛经翻译传播者都欲将佛教对音乐的理解和运用介绍给中国社会。其中最为突出的是三国时（220—265）在江南从事译经和传教活动的支谦和康僧会。支谦深谙文辞音律，曾以《无量寿经》和《瑞应本起经》制“赞菩萨连句梵呗”。《高僧传·十三》曰：

> 原夫梵呗之起亦肇自陈思……其后居士支谦亦传梵呗三契，皆湮没不存。世有共议一章，恐或谦之余则也。唯康僧会所造泥洹梵呗于

今尚传。……

佛教艺术作为佛教传播最重要的手段，自然要根据教义的要求来表现佛教音乐（即梵呗）的作用。因此，在佛教石窟寺中雕刻或绘画专门从事音乐的人物形象，就是很自然的事情了。云冈石窟从东到西1000余米，大小编号洞窟254个，其中在25个洞窟中发现了乐伎、乐器图像。早期洞窟的第17窟和第16窟；中期洞窟的第7、8窟，第9、10窟，第1、2窟，第11、12、13窟，第6窟；晚期洞窟的第15窟、第5-4窟、第5-11窟、第21窟、第27窟、第29窟、第30窟、第32-12窟、第33-4窟、第36-2窟、第38窟、第40-6窟等洞窟中，都有乐伎、乐器雕刻。可见云冈的乐伎、乐器雕刻主要集中在中晚期洞窟中。其中云冈乐伎、乐器雕刻数量最多的是第6窟，现存各类乐伎形象218身（图9-1）。第12窟现存各类乐伎53身，数量上虽不及第6窟，但由于洞窟前室规模大小适

图9-1　第6窟西南壁面上层空间

图 9-2　第 12 窟前室北壁上层

宜，设计雕刻紧凑精湛，乐伎、乐器得以集中展示，而被称为“音乐洞窟”（图 9-2）。

初步统计，云冈石窟中可辨认的乐伎人物形象 853 身，多数持乐器。洞窟中的乐伎雕刻多以集体形式组成乐队，目前统计的情况来看，云冈洞窟中现存由各类乐伎组成的伎乐群（乐队）95 个，分别是：天宫伎乐队 31 个；飞天伎乐队 27 个；供养菩萨伎乐队 3 个；供养天伎乐队 17 个；供养人伎乐队（包括百戏）6 个；夜叉伎乐队 9 个；化生伎乐队 2 个。

云冈石窟中雕刻的乐器，即是摹拟的古乐器的石雕模型。云冈石窟所雕刻的乐器，均由乐伎人物所持，或呈演奏状，或做未演奏态。这些石雕大约是仿实物雕刻出来的古代乐器及其人体音乐动作姿态，在烘托佛教极乐世界的同时，记录了公元 5 世纪北魏平城地区人们的真实音乐生活状态，一定程度上也客观反映了 1500 多年前东西方文化交流的融合发展状态。调查显示，云冈的25个洞窟中，出现的乐器包括打击乐器10种157件、管乐器10种248件、弦乐器6种138件，共计543件。还有雕刻保存完整而未知乐器2种3件。此外，雕刻中表示在乐队中掌握节奏、节拍的乐伎弹指、吹指、抃（拍掌）等肢体动作的3种31例。综上统计，云冈现存各类乐器和乐伎节奏、节拍动作形态577件（例）。

石窟的伎乐队，泛指雕刻在石窟中的由众多器乐演奏者组成的演奏团队。这种奏乐团队还包括了其他歌舞者的形象，亦即在云冈雕刻的乐队组成中，既有演奏各种古代乐器的乐伎人物；也有以弹指、吹指、抃等肢体发声方法，在整体乐队中起到掌握节奏、丰富音乐作用的乐伎人物；此外，还有一些身姿扭动的舞者，她们也是古代乐队中不可或缺的人物。

1. 天宫伎乐队

天宫，即是天人之宫殿也。《圆觉经》曰："地狱、天宫皆为净土，有性、无性齐成佛道。"由此可见，天宫乐伎，即是为佛国天宫服务的乐伎。在云冈，这种表现形式的乐伎或雕刻在洞窟壁面的上部顶端，或安排在单元画面雕刻的最上层。它们结构宏大、形式侈丽。诸栏楣间诸乐伎姿态多样、执众乐器竞起歌舞，齐声竞演宫商，合韵皆吟法曲，场面极其壮观。云冈第1、2窟，第6窟，第7、8窟，第9、10窟，第11、12、13窟（图9-3），第16窟等洞窟都有天宫伎乐队的雕刻。

2. 飞天伎乐队

正如其名，飞天伎乐队即是由若干飞天乐伎组成的乐队。飞天乐伎，亦称乾闼婆。乾闼婆为佛教乐神名，谓"不食酒肉，唯求香以资阴身，又自其阴身出香，故有香神乃至寻香行之称，与紧那罗同奉侍帝释而司奏伎乐。紧那罗者法乐，乾闼婆者修乐"。《注维摩经》曰："乾闼婆，天乐神也，处地十宝山中。天欲作乐时，此神体上有相出，然后上天也。"乾闼婆住乾闼婆城，慧苑《音义》说："乾闼婆城，此云寻香城也，谓十宝

图 9-3　第 13 窟东南壁面上层天宫伎乐局部

山间，有音乐神，名乾闼婆，忉利诸天意须音乐此神身有异相，即知天意往彼娱乐。因此事故，西域名乐人为乾闼婆。”后世把乾闼婆说成是天上的音乐师，所以，佛教石窟出现飞天乐伎，就是很自然的事情了。

云冈石窟中的飞天乐伎由于雕凿时间不同，而呈现出不同的形态和服饰穿着。较早的形象是头顶高发髻，上身斜披络腋，下着大裙，双腿分开，跣脚，肩臂飘带飞扬的形象。具有代表性的是雕刻在第 9 窟明窗西壁的两身奏乐飞天（图 9-4）。这种形态的飞天乐伎还集中出现在第 11、12、13 窟中。似乎是从第 6 窟开始，一直到云冈晚期，飞天乐伎随着飞天形象、装束的变化而变化了。他们头顶的发髻更高，与此同时身形也越来越消瘦修长。变化最显著的是乐伎的

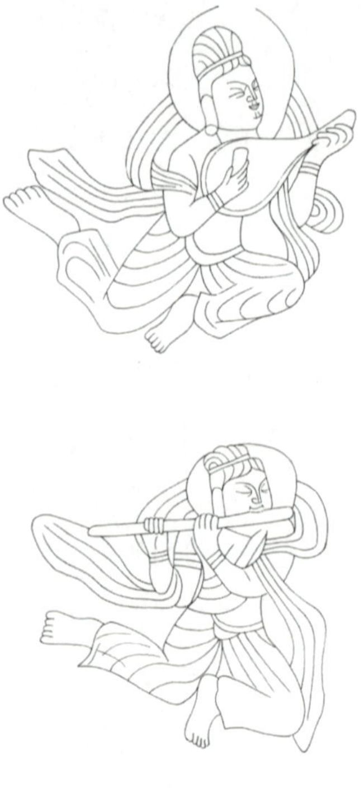

图 9-4　第 9 窟明窗西壁飞天乐伎

服饰，上身穿短袖对领小襦，下为将双脚包裹其中的大裙，并将裙尾雕刻为展开的翅膀形状。第 21 窟的飞天乐伎最为典型（图 9-5）。

云冈飞天乐伎的数量仅次于天宫乐伎，达 185 身，乐队数量达到 27 个。他们大多被安排在窟顶、佛龛龛楣和窟门上，或绕团莲，或护佛龛，或饰门拱，边飞行边奏乐，飘逸洒脱，动感强烈。

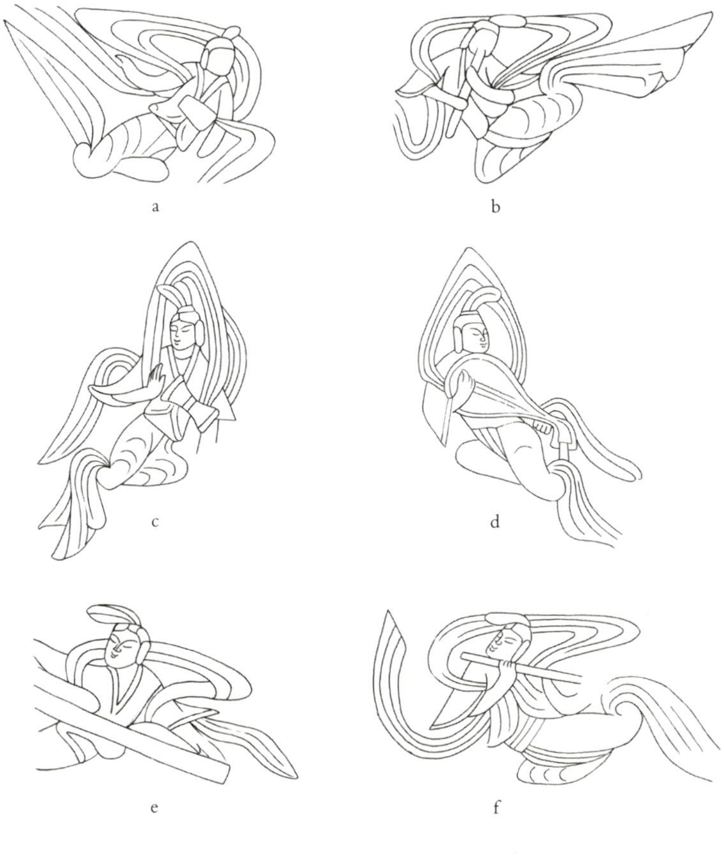

a. 行鼓　b. 筚篥　c. 腰鼓　d. 琵琶　e. 古筝　f. 横笛

图 9-5　第 21 窟东壁飞天乐伎

3. 供养伎乐队

供养伎乐队包括由供养菩萨、供养天人、供养人等各种供养形象乐伎组成的乐队。

先来说供养菩萨伎乐队。这一形象组合仅出现在第 6 窟中心塔柱的 3 幅佛传故事图像中，即在中心塔柱西面南侧的“七步莲花”（图 9–6a）、西面北侧的“骑象入城”（图 9–6b）和北面东侧“太子骑象”（图 9–6c）佛传故事画面中，出现了手持乐器的供养菩萨。

再来说供养天伎乐队。供养天人手中执乐器者，是为供养天乐伎，由若干供养天乐伎组成的乐队，即是供养天伎乐队。供养天乐伎这种形象没有菩萨的宝冠，只是将头发高高束起打结，着紧身服装，多数佩以飘带。第 16 窟，第 11、12、13 窟，第 6 窟，第 17 窟等 6 个洞窟中发现并记录

图 9–6　第 6 窟佛传故事图像中的供养菩萨乐伎

供养天乐伎 175 身，组成 16 个供养天伎乐队伍。其中以第 16 窟南壁西侧坐佛像圆拱龛龛楣的左右两上隅（图 9–7）、第 6 窟东西两壁上层中央立佛像两侧、第 12 窟前室明窗上侧和东西两侧、第 11 窟中心塔柱南面立佛像两侧的供养天乐伎最有艺术欣赏价值，所雕刻形象各自风格不同、特色鲜明。

最后来说供养人乐伎乐队。顾名思义即是由供养人组成的奏乐队伍。

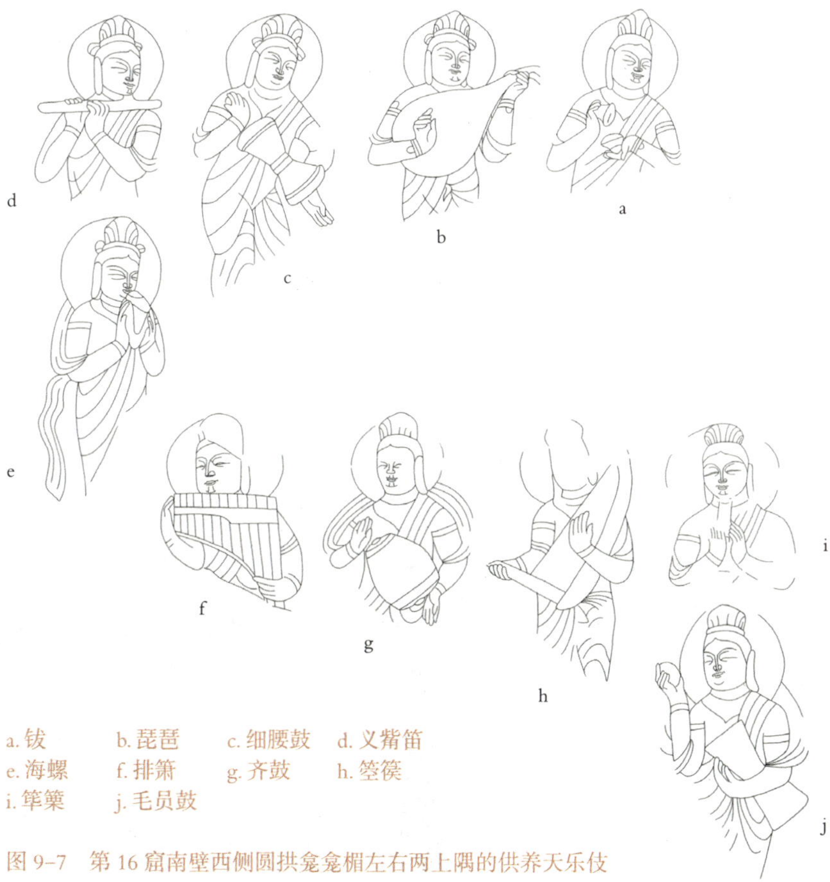

a. 钹　b. 琵琶　c. 细腰鼓　d. 义觜笛
e. 海螺　f. 排箫　g. 齐鼓　h. 箜篌
i. 筚篥　j. 毛员鼓

图 9–7　第 16 窟南壁西侧圆拱龛龛楣左右两上隅的供养天乐伎

供养人乐伎与经常出现在洞窟壁面底层、或龛像下方龛基上的供养人形象装束一致。这种乐伎形式往往出现在佛传故事的画面中。按照佛经叙述，在需要乐伎参与的故事中，都有奏乐的供养人出现。在云冈，最早出现的供养人乐伎，是以供养者身份被雕刻在第 17 窟东壁大型盝形龛龛楣的两上隅的形象。多数供养人乐伎形象则呈现在“乘象投胎”“耶输陀罗入梦”“太子骑象”“涅槃图”等佛传故事画面中。目前在云冈一共发现 5 组供养人乐伎乐队，分别在：第 17 窟、第 6 窟、第 5–11 窟、第 37 窟和第 38 窟。其中第 6 窟“耶输陀罗入梦”（图 9–8）和第 37 窟“乘象投胎”（图 9–9）中的供养人乐伎形象最为生动。“耶输陀罗入梦”画面中，宫廷寝宫

图 9–8　第 6 窟南壁下层东侧“耶输陀罗入梦”

图 9–9　第 37 窟东壁“乘象投胎”供养人乐伎

中的女主人全身盖被卧床已进入梦中，与此相应的众伎乐女也俨然是“倚伏于乐器上，臂脚垂地更相枕卧，鼻涕目泪口中流涎”的状态。这些伎乐女被塑造成持乐器而未演奏的形象。画面中的乐伎持不同乐器皆已东倒西歪，有的乐器或已放置地上，或垂于胸前了（图 9-10a）。第 37 窟“乘象投胎”画面中，4 身供养人亦东倒西歪进入睡眠状态了（图 9-10b）。这两组形象刻画得生动有趣，既符合经文的叙述，也符合实际生活中的人物形象。其他像雕刻了供养人伎乐的“太子骑象”画面，出现在第 5-11 窟南壁窟门东侧（图 9-10c），也可一观。

a

b

c

图 9-10a　第 6 窟南壁佛传故事宫中乐伎
图 9-10b　第 37 窟东壁佛传故事宫中乐伎
图 9-10c　第 5-11 窟南壁佛传故事宫中乐伎

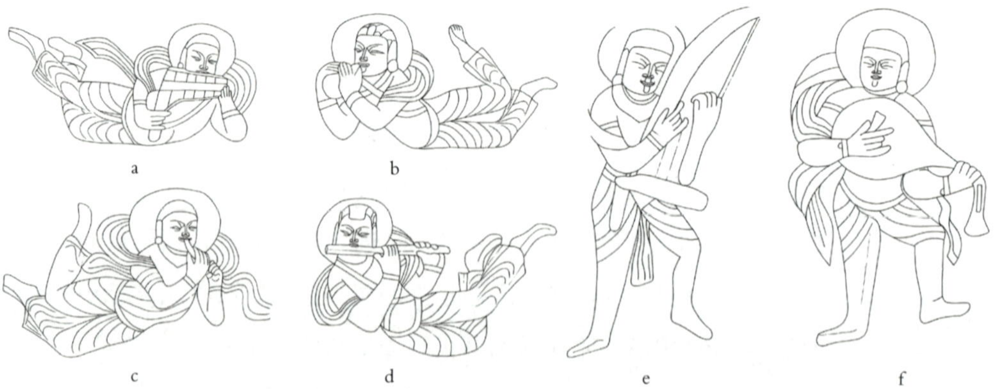

a. 排箫　b. 埙　c. 筚篥　d. 横笛　e. 箜篌　f. 琵琶

图 9–11　第 7 窟后室南壁围绕窟门的夜叉乐伎

4. 夜叉伎乐队

由若干夜叉乐伎组成的乐队，即为夜叉伎乐队，简称夜叉伎乐。夜叉是佛教八部护法之一。在云冈石窟的雕刻中，他们往往与飞天（乾闼婆与紧那罗）形象穿插出现在佛像龛的上下左右。云冈石窟雕刻的手持乐器的夜叉形象，皆为天夜叉，位于洞窟顶上或在壁面做飞行姿势。初步调查，云冈出现夜叉乐伎的洞窟有 8 个。其中第 6 窟的 12 身夜叉虽然手中未持乐器，却加入了众多供养天乐伎中簇拥佛陀游行教化的内容。另外的 7 个洞窟，共有夜叉伎乐队 9 支，即第 1 窟、第 7 窟、第 8 窟、第 9 窟、第 16 窟 5 个洞窟各有 1 支，第 10 窟和第 12 窟各出现两支。

我们注意到，云冈出现的手持乐器的天夜叉，大多身形高大、刻画细腻，且位置突出。第 7、8 窟的天夜叉形象还雕刻了写实性较强的索头辫发（图 9–11）。几处夜叉乐伎均位居洞窟中的窟门两侧或窟顶边上等重要位置，在突出夜叉形象的雄伟彪悍以表达佛教护法思想的同时，亦有体现鲜卑民族及其北魏政权强大的思想倾向。

5. 百戏乐伎和音乐树化生乐伎

百戏演出和音乐树两种图像,不仅是云冈石窟中独一无二的艺术作品,也是中国早期佛教石窟寺中的珍品。这两种图像都出现在第 38 窟。如此珍贵的佛教艺术图像出现在同一洞窟中，当与开凿者关系密切。洞窟入口上方的铭记表明，这是吴忠伟为已经故去的儿子“冠军将军、华□侯吴天恩造像并窟”。洞窟通过系列佛经故事的表述以及包括音乐树和百戏演出在内的丰富内容渲染，寄托了父亲无尽的“悲”与“思”。

百戏杂技的画面位于洞窟的北壁，在二佛并坐龛下的方形“铭记”位置两侧，对称雕刻了两幅百戏杂技表演图（图 9–12）。

a

b

图 9–12　第 38 窟的百戏演出图像

音乐树乐伎出现在第 38 窟东、西壁面的下层（图 9–13）。音乐树上的化生乐伎均以化生形象塑造，手持乐器的化生形象被置于树冠中的树杈之间，饶有趣味。

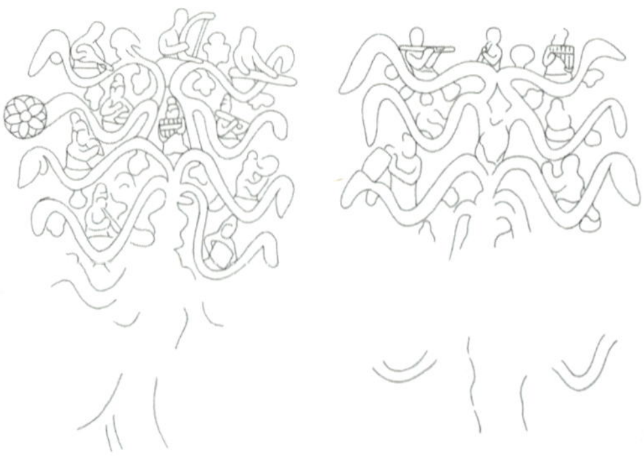

a

b

a. 第 38 窟东壁下层化生音乐树　b. 第 38 窟西壁下层化生音乐树

图 9–13　音乐树

出现在音乐树中的化生乐伎乐队，不仅是云冈石窟的唯一，也是世界范围内佛教艺术中极少见的图像刻画。其所包含的佛教象征意义毋庸置疑，同时巧妙的创作设计将佛经的文字描述变为可视的艺术图像，精彩至极。音乐树的概念，佛经中有多种描述，有“音声树”“宝树”“七宝树”“乐器树”“多罗树”等，虽名称不同，但均述“经风而发声音”。虽然如此，但翻阅可见的佛经典籍，竟然没有一种明确论述音乐树之“秒法音”来源。如何让“沉默”的美术图像表现声音，成为摆在雕刻设计者面前的一道难题。或是父子的造化，或是匠师的才思敏锐，或是包括我们在内后人的福荫，竟然让圣树结出化生果实，“果肉”即是乐伎，“秒法音”自然而来。

二、护法中的舞者形象

云冈艺术雕刻中不乏塑造形式上具有舞蹈特质的佛教人物。最具代表性的形象有夜叉、乾闼婆、紧那罗，以及以夜叉为“蓝本”塑造的全身像化生人物等。其中夜叉中的天夜叉与乾闼婆、紧那罗，均被塑造为飞行的姿态，故名曰飞天，即是飞行的天人。以地夜叉出现的双夜叉和单夜叉排列，乃至将塑造出全身的夜叉置于忍冬图案中的图像，亦是云冈舞蹈形象中的典型代表。

1. 乾闼婆和紧那罗

云冈石窟造像中，头顶高发髻，或斜披络腋，或穿短袖小襦，下着裙装，身姿婀娜，四肢做出多种舞蹈姿态的人物，习惯上称为“飞天”，即为佛教护法部众中的乾闼婆和紧那罗。其中紧那罗是护法部众中的舞神之名，并与做音乐的乾闼婆同住十宝山间。慧琳《音义》卷十一说：“真陀罗，古作紧那罗，音乐天也，有微妙音响，能作歌舞……次此天女多与乾闼婆天为妻室也。”紧那罗作为舞神，与作为音乐神的乾闼婆，无论在护法职能上，还是在两者关系上，都是不可分开的一个整体。虽然他们分别为护法八部众中的两种形象，但其活动往往相互配合、形影相随，两者共同构成歌舞乐神。表现在佛教艺术中，乾闼婆与紧那罗常常以多姿的飞行形象同时出现在一个画面。云冈石窟雕刻了大量乾闼婆与紧那罗的形象，是为“飞天乐伎”和“飞天舞伎”。这些常常被人们称为飞天的形象，主要安排于窟顶、明窗、门拱、龛楣等部位。

纵观云冈头顶高发髻的飞天形象，不外乎两种形态：一是身姿丰满，着紧身衣，两腿分开，双脚裸露的飘飞形态，这是较早出现的形象；再是身姿修长、曳长裙且双腿脚以裙围裹、末端雕出翅膀状尾翼的形态，是为较晚出现的形象。前者多出现第 7、8 窟，第 9、10 窟等双窟中，后者多出现在第 11、12、13 窟，第 5、6 窟等大型洞窟以及晚期洞窟中。研究认为，前者表现了较多的外来艺术特征，亦即“云冈的露脚、肥笨做跳跃状的飞仙，是本着印度的飞仙模仿出来的”；而后者则表现了中国“汉刻中鱼尾托云的神话人物”的特点。（见梁思成、林徽因、刘敦桢《云冈石窟中所表现的北魏建筑》，刊《中国营造学社汇刊》第4卷3、4期，1933年）

飞天，当是飞行于空中的护法之神，由此她们往往出现在洞窟或龛式较高的位置。洞窟顶部、窟门和明窗，以及各类龛式的龛楣和龛式内外等位置，常可见到高发髻飞天的身影。甚而她们还与化佛一起出现在佛菩萨像的背后光芒之中。

先来说窟顶上的高发髻飞天。云冈多数洞窟中都在窟顶雕刻了飞天形象，以象征佛国天宫。其中大中型洞窟多以高浮雕平綦顶为主，飞天分布在平綦格及平綦枋上。在此基础上，小型洞窟又增加了以围绕伸向窟顶的佛光为主，雕刻飞天的形式。前者的代表作品有第7、8窟（图9-14），第9、10窟和第12窟等，以第7、8窟最为突出；后者的代表作品有第5-3窟、第13-18窟和第11-5窟等，以第5-3窟和第11-5窟较为突出。

图9-14　第7窟后室窟顶图案

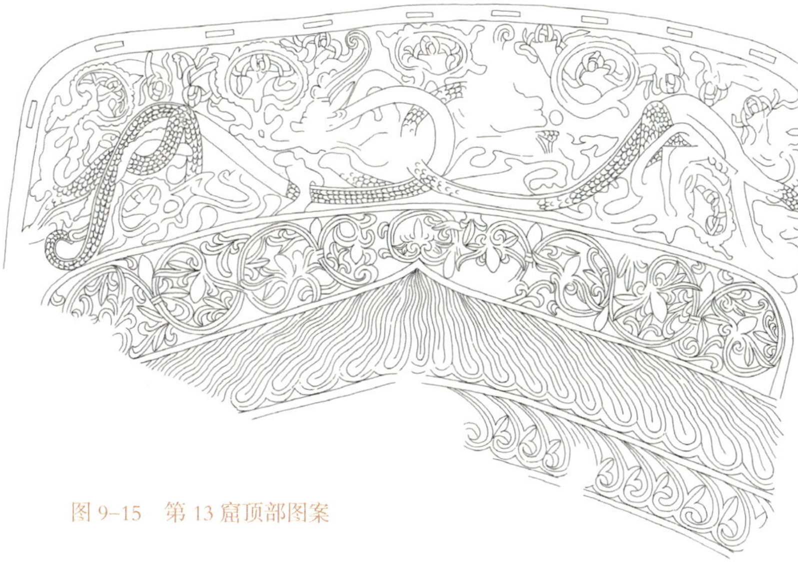

图 9–15　第 13 窟顶部图案

云冈大中型洞窟顶部的高发髻飞天雕刻，其特点是设计规模宏大、装饰繁缛华丽、人物数量众多。同时，不同的洞窟形制又具有不同的特点，如椭圆形洞窟中保存较好的第 13 窟顶部（图 9–15），刻画了二龙缠绕、祥云朵朵、间或闪现的飞天形象等等，展现了佛国天宫歌舞升平的繁荣景象。飞天人物或手抚龙身龙角，或手臂伸展，婀娜形态尽显其中，14 身高发髻飞天均闪现于云朵内外，只雕出上半身。其中的 12 身集中于顶部南侧边沿，另两身分别位于窟顶北侧的东西两隅。只可惜很多大型穹隆顶洞窟顶部，因风化坍塌已经看不到此中情形了，目前只有在第 19–1 窟、第 13 窟和第 5 窟等洞窟中可看到零星且不完整的飞天雕刻。

第 7、8 窟后室，顶部为平棊藻井的窟顶，纵横梁枋间、藻井内，由飞天环绕团莲图案装饰，呈现出一派繁荣佛国天宫景象。顶部平棊均分为 6 格，南侧中央格为主藻井，中间为团莲，四周各雕刻两身飞天，共 8 身飞天，她们头顶高发髻，上身斜披络腋，戴项圈、臂钏、腕钏，下身穿紧身裙，二裸脚明显分开。她们手持供物，成双成对，抬头侧身飞翔于天际。

a　第 7 窟后室顶部平棊枋中央格内双飞天托摩尼宝珠
b　第 8 窟后室顶部平棊枋中央格内双飞天托博山炉

图 9–16　高发髻飞天 1

在其他平棊格内和平棊枋上分别绕团莲飞翔着 6 身、4 身和 3 身飞天。整个平棊藻井共雕团莲 8 朵，围绕团莲雕刻飞天 48 身。双窟在内容上的紧密联系，除了直接可视的艺术形式外，亦以佛教信仰中的象征物作为重要内容表示出来。在第 7、8 双窟后室顶部，成双成对的飞天形象中居中位置最突出的一对，分别手托摩尼宝珠和博山炉，以表达佛教的禅法传承与供养（图 9–16）。这些形象的设置，与双窟整体佛教意义的表达上下呼应、完整统一。

此外，分别出现在平棊格内和平棊枋上的成对飞天，由于位置不同而具有不同的姿态形式。平棊枋上的飞天，由于没有左右或上下的限制，飞天形象往往表现得较为舒展，并以对称或上下的关系出现（图 9–17）；平棊格内的飞天围绕藻井中央的团莲，或单手或双手共同托举供养物以逆时针方向旋转（右旋）飞行（图 9–18）。成对飞天位于后边的一身，肢体或

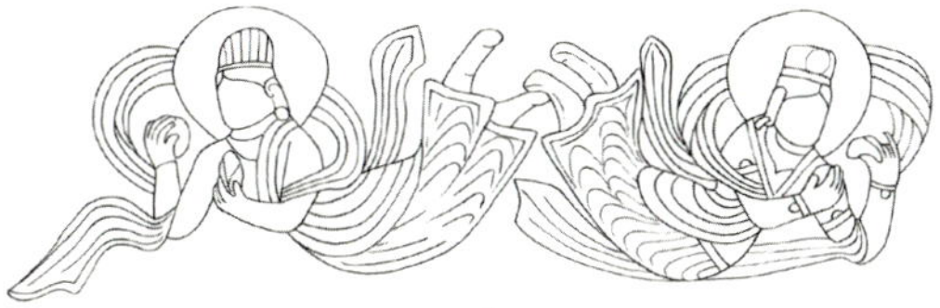

a

b　　c

a　第 7 窟后室顶部平棊枋横向双飞天
b、c　第 7 窟后室顶部平棊枋纵向双飞天

图 9-17　高发髻飞天 2

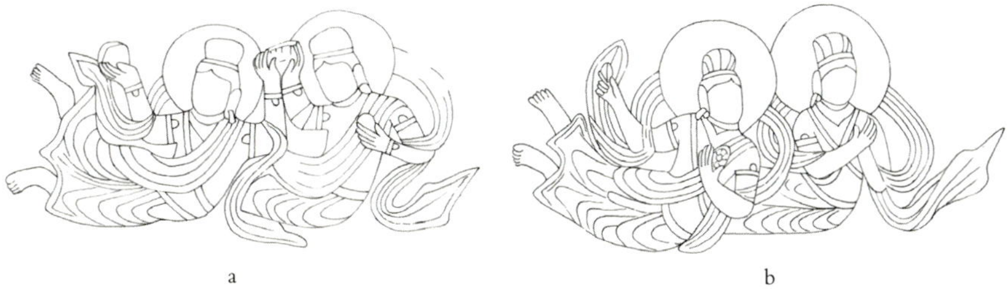

a　　b

c　　d

a、b　第 7 窟后室顶部平棊格内双飞天
c、d　第 7 窟后室顶部平棊格内单飞天

图 9-18 高发髻飞天 3

飘带往往叠压在位于前边的一身之上，给人以并行飞翔的视觉感受。位于东西两侧平綦格内的单独飞天，双手均持供养物，姿态各异，或抚胸向前飞行，或伸展双臂向前飞行。

在两个窟顶的设计理念完全一致的基础上，与第 7 窟的同类图像比较，在飞天图像的设计雕刻中，第 8 窟还具有自身的特点：一是 6 个平綦格中东北侧的两个格内的飞天并非全部右旋，出现了方向不同的飞天形象；二是围绕团莲的飞天，无论成对飞天还是单独飞天，其身材比例下身更长，裙装或裤装更宽大，腰带更美观飘逸，腰带有的挽结固定（图 9–19a），有的叠压固定（图 9–19b.c）；三是穿裤装的飞天，身体下肢动作夸张，甚而出现双腿分开呈 180° 的奔跑飞行状，动感十分强烈（图 9–19d）。

云冈小型洞窟大致有两种窟顶形式，一种装饰平綦，一种没有平綦。平綦顶形式占到小型洞窟的多数。由于平綦顶的纵横支条（平綦枋）为浅浮雕形式，因此无论是平綦格内的莲花、龙形，还是飞天，尽管还属高浮雕形式，但较早、中期大型洞窟中顶部的雕刻，已然是浅薄了不少。同时，因平綦顶布局不同，格内所雕刻内容分布亦有所不同。方形洞窟中往往为九格平綦，平綦中心格内大多雕刻团莲；个

a

b

c

d

图 9–19a　腰间挽结带单身飞天
图 9–19b　双身飞天
图 9–19c　腰间叠压结带双身飞天
图 9–19d　奔跑单身飞天

别也有龙形出现，周边雕刻飞天，例如第 24 窟顶部；也有不仅中央格为莲花，四角格内亦是团莲，高发髻飞天只出现在四面格内，如第 26 窟顶部。在其他形式的平棊顶布局中，如第 29 窟的中央方形格四角斜枋的形式、第 40–1 窟的八格平棊顶部形式、第 23–1 窟的六格平棊顶部形式、第 33–3 窟的五格平棊顶部形式、第 38–3 窟的四格平棊顶部形式等，飞天布局亦有更多变化。此外，在一些较小型的晚期平面方形的洞窟中，出现了一种只有一个四角弧形方格的顶部设计，其中格内的对向飞天占满整个窟顶，其中以第 11–5 窟的形象较为典型（图 9–20），两身飞天呈现舒展的、婀娜的飞行姿态，双肩臂飘飞出广博飘逸的飘带，飘带间的部分叠压，使二者交互辉映、融为一体。特别引人入胜的是浅浮雕素面雕刻工艺，无论人物五官、身姿，还是飘带、服饰，无任何纹饰雕出，加之二飞天弯曲前膝与边框的自然叠压，图案性的艺术表达已然是炉火纯青了。

没有平棊装饰的顶部，即是在平整岩石顶上直接雕刻莲花或飞天作为装饰的窟顶形式。在一些小型洞窟中，北壁主像的身光往往延伸至窟顶，两侧形成两个三角形位置，于是古代艺术家就因地制宜地在这里雕刻了一双对向飞行的飞天，其形象亦表现出身材清瘦、飘带长而流畅、手握供

图 9–20　第 11–5 窟顶部对向飞天

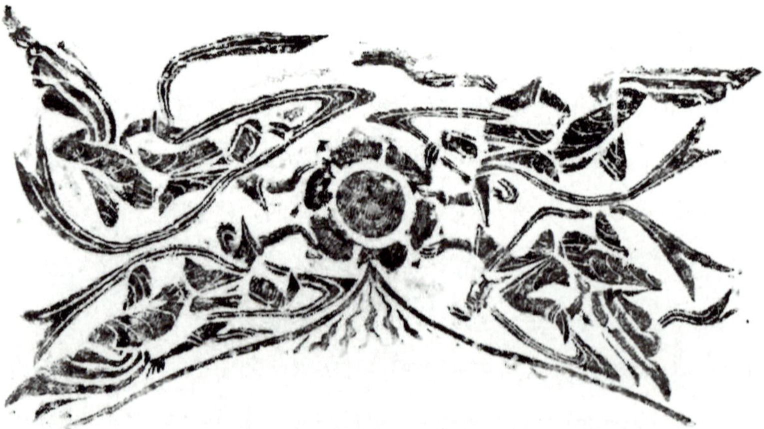

图 9-21　第 13-6 窟顶部飞天拓片

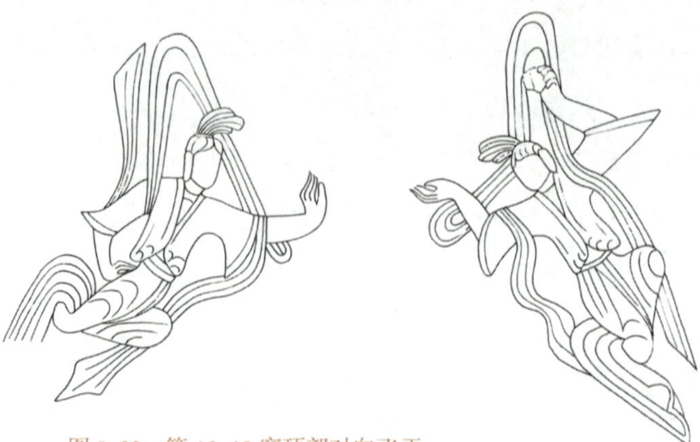

图 9-22　第 13-18 窟顶部对向飞天

养物的晚期飞天特征。第 5-3 窟、第 5-10 窟、第 13-6 窟（图 9-21）和第 13-18 窟（图 9-22）等洞窟均雕刻了这种形式的顶部飞天。在第 27-1 窟，平整岩石面中央雕刻团莲、四角飞天右旋飞行的形式，则为一种新的顶部形式。

再来看窟门和明窗的高发髻飞天。虽然提供出入和照亮洞窟是窟门和明窗的主要功能，然而作为洞窟的重要组成部分，它们还承载着体现佛教思想和烘托艺术氛围的作用。由此在云冈多数洞窟中，对窟门和明窗都以多种雕刻内容加以装饰雕刻，其中不乏高发髻飞天的现身。

首先是窟门、明窗顶部的高发髻飞天。由于开辟窟门、明窗的位置突出，且面积占比较大，同时处于拜谒参观者容易看到的位置，所以这里的图像设计雕刻似乎严谨细致了不少。具有代表性的是堪称云冈雕刻装饰最为突出的第 9、10 窟窟门和明窗的顶部形象了。

为体现佛法传承和佛法供养意义，第 9、10 窟两个洞窟的窟门顶部分别雕刻了摩尼宝珠和博山炉，二者分别由 4 身天夜叉和高发髻飞天簇拥。同时双窟的明窗顶部也分别雕刻了 4 身天夜叉和 4 身高发髻飞天共 8 身像簇拥团莲，如此精妙的设计，饱含了佛教传承与供养的发展意蕴，不仅使佛教教义得以充分表达，而且也丰富了石窟艺术雕刻内容。

第 10 窟窟门顶部是一组以 4 身高发髻飞天组成的舞者形象，他们以手臂簇拥的博山炉，亦是云冈现存北魏中期规模最大、雕刻设计最为精致的造型（图 9–23）。这幅画面中雕刻的 4 身飞天形象身姿矫健、形象饱满。他们头顶高发髻、颈戴项圈，上身斜披络腋，下着裙裤。4 身飞天各

图 9–23 第 10 窟窟门顶部

自所处位置及其动作姿态，与第 9 窟的逆发型飞天几乎完全一致。

第9窟明窗的8身飞天两种形式间隔出现，各为 4 身。身材较大者是天夜叉，他们头顶逆发、身形健硕、姿态多样灵巧，有头光、挎飘带，上身斜披络腋，下穿犊鼻短裤；身形较小者是高发髻飞天，她们身姿小巧、姿态婀娜，上身斜披络腋，下为紧身裙裤，亦头有圆光，臂挎飘带。与第 9 窟相同，第 10 窟明窗顶部簇拥团莲者，亦为高发髻飞天与天夜叉的间隔形式，但两者所处位置作了对换，人物大小亦做出调整，即身材较大的 4 身是高发髻飞天，身材较小的 4 身为天夜叉。两种飞天各自的形态、衣饰与第 9 窟相同。

其次是明窗、窟门周围的高发髻飞天。云

● 逆发：即是夜叉和妖魔的专用发型。在云冈石窟中，夜叉和妖魔的形象将头发立起上竖来表示强悍之特点。逆发又分为大逆发、平头逆发、翻卷逆发、装饰逆发等几种。（图 9-24）

● 大逆发是将浓密的厚发向后上方蓬松竖直，在粗壮的垄形发丝线条中雕刻阴线。

● 平头逆发表现为纵向垄形，以表现向上竖起的特点。

● 翻卷逆发是满头粗大的垄形发式之发梢作卷曲状，与之呼应的是大发梢下再做一层卷曲状的小发梢，形成双层翻卷逆发形式。

● 装饰逆发是将位于头顶中央的一条线于发际处一分为二，向两侧划出圆形卷曲状，平添了不少艺术韵味。

a　　b　　c　　d　　e

a. 第 10 窟前室二佛并坐龛内夜叉发式
b. 第 9 窟前室西壁夜叉发式
c. 第 6 窟中心塔柱东面下层夜叉发式
d. 第 9 窟前室顶部夜叉发式
e. 第 6 窟中心塔柱东面下层弧形帷幕内夜叉发式

图 9-24　天夜叉逆发图式

冈中晚期洞窟中的明窗与窟门上方门楣，亦不乏图案性极强的飞天形像。在雕刻华丽的第 9、10 窟和第 12 窟这些前列楹柱的中期洞窟中，明窗和窟门上都有飞天装饰（图 9–25），这些位置出现飞天形象，不仅表示了乾闼婆与紧那罗的护法职责，也增强了画面的视觉效果。在人物安排布置上，飞天是以明窗额楣和窟门门楣上中心位置为对称起点，分别向两侧沿弧线排列，根据所处位置的上部长度而安排不同数量的飞天，处于中央位置的一双对称飞天往往共同托举着博山炉或者其他供物，在这里，以飞天舞伎为主要内容的雕刻，图案性就更加突出了。除了前列楹柱的中期洞窟，在第 6 窟窟门外的门柱两侧上方也雕刻了两身高发髻飞天像。

第 9 窟前室北壁窟门上方的瓦顶屋檐下，以博山炉为中心，左右 8 身飞天手牵瓔珞对向飞行（图 9–26a）。无独有偶，第 12 窟前室北壁圆拱窟门门楣上沿，亦以同样的设计理念，以 10 身飞天簇拥着中央的博山炉（图 9–26b），只是此图案已然与楣面的弧度相一致，融为有机整体。晚期

图 9–25　第 12 窟明窗顶部

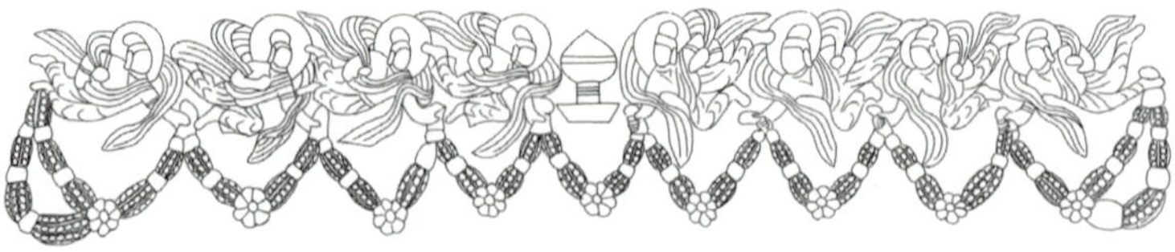

a

b

c

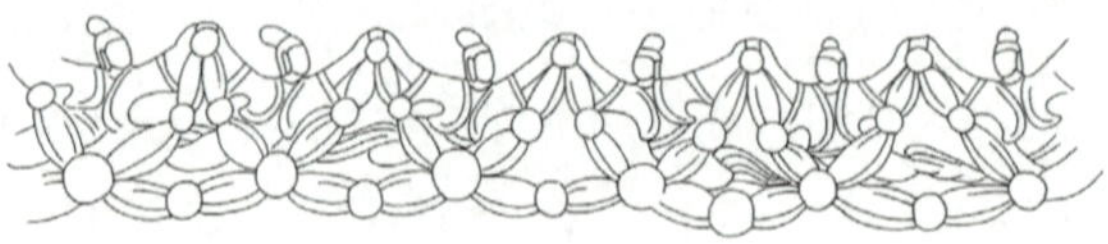

图 9-26a　第 9 窟前室北壁窟门上方飞天牵璎珞簇拥博山炉
图 9-26b　第 12 窟前室北壁窟门门楣飞天簇拥博山炉
图 9-26c　第 11-9 窟窟门上方众飞天手牵璎珞

第 11-9 窟窟门上方出现的手牵璎珞的紧那罗形象（图 9-26c），则顺应窟门的方形结构而与第 9 窟窟门上方的飞天图案一样呈“一”字形。

再次是造像龛内外的高发髻飞天。与洞窟明窗和窟门周边雕有飞天一样，云冈石窟的很多造像龛龛楣内外，也都雕刻有飞天造像。而且不少主要造像龛上所雕飞天形象比明窗、窟门上所雕的形象更加细致入微。这应该与造像龛是洞窟主要塑造对象，而受到更多重视，密切相关。其中圆拱龛上部的飞天造像与雕刻于窟门上部的飞天造像布局相仿，都是以龛楣上部中央为起点，向两侧对称布置飞天形象。

作为开凿较早的中期造像，出现在第 7、8 窟和第 9、10 窟两组双窟中的佛教人物，多表现出身材短粗、曲线明显、姿态多样的特点，而包括乾闼婆和紧那罗在内的所有飞天形象，是这些特点表现最为突出的形象。其中出现在第 9、10 窟前室北壁明窗东西两侧大型二佛并坐圆拱龛内顶部的飞天（紧那罗）形象（图 9–27）具有代表性：云冈古代艺术家因地制宜地将一对飞天置于二佛并坐龛内顶部中央的三角区域，突显曲线美的人物身姿动作与极具动感的飘带自然流畅，两身背靠背的飞天互伴互舞，成就一幅动感强烈的艺术图像。

作为云冈设计规模最大、雕刻艺术表现最成熟、最严谨精美的洞窟，第 6 窟的龛楣内外亦出现了数量庞大、形象饱满、表现最突出的乾闼婆和紧那罗形象。这些被统称为飞天的佛教护法形象，以多种形式出现于中心塔柱和洞窟四壁的各类龛式之中。南壁窟门两侧圆拱坐佛像龛龛楣面千佛

a. 西侧圆拱龛内二飞天
b. 东侧圆拱龛内二飞天

图 9–27　第 10 窟前室北壁明窗两侧二佛并坐龛内飞天

列像上下，分别雕刻了舞者紧那罗。中心塔柱下层圆拱龛、盝形重龛中的内龛楣拱上下沿，不仅雕刻有舞者紧那罗，亦有持乐器、列队飞行的乾闼婆。这些以镂雕形式出现的飞天形象，是云冈龛形装饰中最杰出的设计雕刻之一，体现了云冈营造繁荣期的最高成就。

位于第 6 窟中心塔柱下层四面的 4 个大型造像龛（南面为坐佛龛，北面为二佛并坐龛，东面为交脚弥勒龛，西面为倚坐佛像龛），因为是立体重龛形式（内为圆拱龛，外为盝形龛），从而包罗了两种龛式的飞天布局形式：内为圆拱龛楣，楣面宽大，分 3 层布像，中间层是一排小型坐佛像，上层布置了中央为二飞天手托博山炉的一排相向飞行的紧那罗，下层布置了持乐器飞行的乾闼婆；外为盝形华绳龛楣，上层为盝形方格，每格置一飞天或飞行夜叉（两者间隔布置），飘带翻飞，莲花朵朵，下层在化生童子手牵华绳（璎珞）形成的帷幕式弧线内，雕刻了飞行夜叉的形象，他们与飞天形象形成既互有比较、又风格一致，而共同保卫佛法的局面。这些形象身材匀称，动作协调，飘带流畅、自然、生动的设计雕刻，成为云冈极具代表性的飞天形象。东南西北四面的盝形龛龛楣面，均设计 7 个盝形格，每格均雕刻不同发式装束、不同动作姿态的飞天，共有 28 身，其中东、西、北三面中央三格的中心格内，均为双手各抛收飞行莲花的高发髻飞天，她们斜侧身体，回首侧面，飘带向上翻飞，面容自若从容（图 9–28a）。塔柱南面中央三格的左侧两格内，雕刻了一双对向飞行的紧那罗，二飞天具有与抛收莲花的飞天同样的服饰、同样长而流畅的飘带，只是将身姿向前弓为“C”形，以体现向前飞行的姿态（图 9–28b）。出现在两个八字格内的飞天，则随着盝形格形象的变化而变化，两身飞天正面跪姿跃起、对向飞行，飘带向上飘扬，裙摆分别摆向左右两侧，形象生动自然（图 9–28c）。

中心塔柱四面下层重龛中数量多达 161 身的高发髻飞天更是遍布于龛

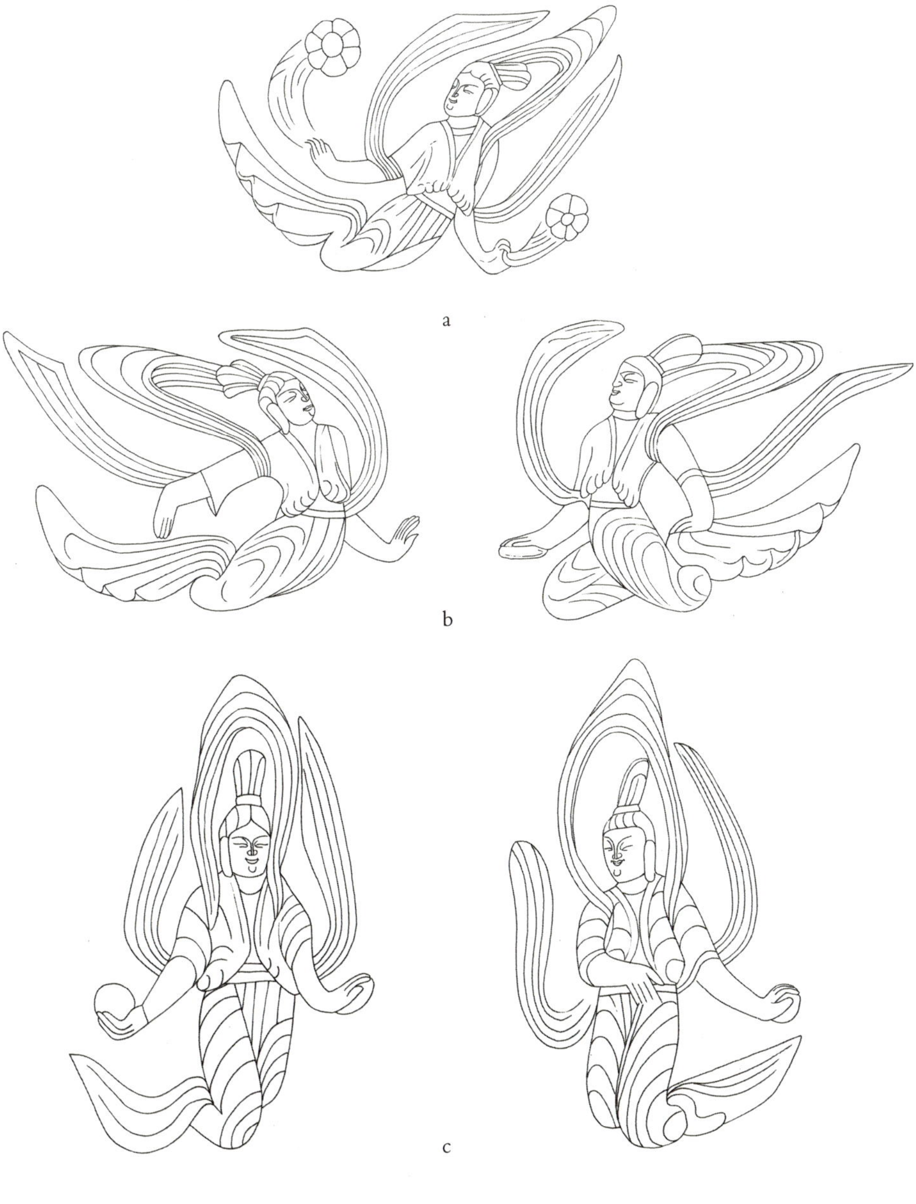

图 9-28a　第 6 窟塔柱东面下层中央盝形龛楣格内飞天
图 9-28b　第 6 窟塔柱南下层盝形龛楣格内对向飞天
图 9-28c　第 6 窟塔柱西面下层八字盝形龛楣格内对向飞天

楣、龛顶以及主像的背光内外。其中在北面二佛并坐龛两尊佛像背光之间的三角位置塑造的高发髻飞天像，更体现了雕刻设计上的巧妙细腻。将两尊佛像背光形成的三角区域全部以飞天填充，并清晰、有序地表达两个不同形式的佛教供养内容，当然是一个既尊崇佛教思想，又具有艺术装饰意味的典型设计。这不仅在中心塔柱下层四个大龛内的飞天布局中独树一帜，在云冈石窟中所有飞天形象的设计布局中，也是一个突出的优秀作品。

此外，手托类果盘并有升腾气焰的飞天形象，出现在第 6 窟中心塔柱上层东西南北四面立佛像背光上两侧的三角带区域（图 9–29a）。由于这些服饰装束类同于中心塔柱下层四面盝形龛楣格内的飞天形象，又处于较为狭长的位置，连同其手托果盘式供养物及其升腾的气焰，使得他们的身姿更加修长舒展。

继承第 6 窟飞天形象最典型的，莫过于第 34 窟西壁圆拱龛外两侧的

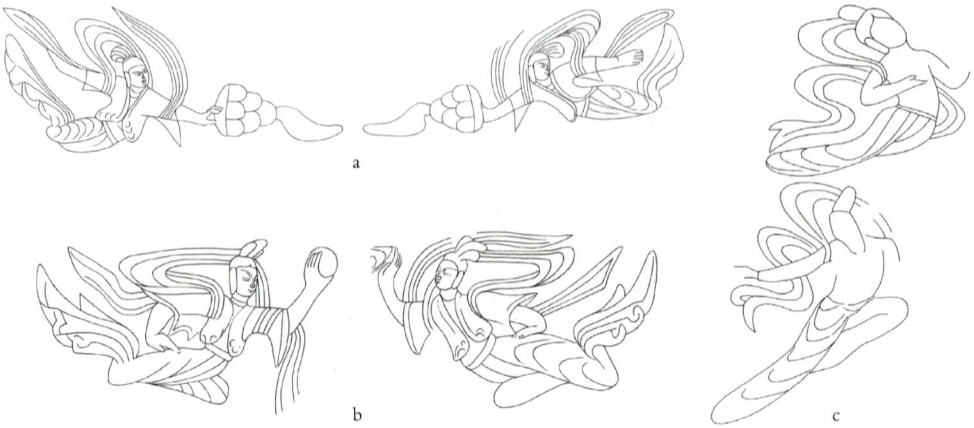

图 9–29a　第 6 窟中心塔柱上层北面立佛像背光上方飞天
图 9–29b　第 34 窟西壁圆拱龛楣两侧飞天
图 9–29c　第 3 窟后室西侧佛像背光中的飞天

飞天了。圆拱龛龛楣两侧的三角位置，分别雕刻两身飞天，身姿舒展、形象秀丽，是云冈晚期飞天形象的代表作品（图 9–29b）。

出现在第 3 窟后室西侧的大型一佛二菩萨像（阿弥陀佛、观音菩萨和大势至菩萨），被认为是初唐或辽金时代的作品。与此同时残留在佛像背光中的飞天形象（图 9–29c），亦呈现了与北魏时期云冈飞天不同的艺术风格。她们有着修长的身姿，最突出的是将飞天所着的长裙底边雕刻为圆弧的形状，与之相搭配的飘带，也出现了多重自由弯曲而流畅的形状。

2. 天夜叉

天夜叉即是飞行的夜叉。夜叉，或作阅叉、药叉，据说“能噉鬼，捷疾鬼，勇健，轻捷，秘密”等。由于夜叉十分勇敢健壮而成为八部护法之一。在云冈，天夜叉以两种形态出现。第一种为托举形态天夜叉。安排在洞窟、门拱和明窗的顶部的天夜叉，常常以飞行姿态，手托莲花、博山炉或摩尼宝珠的画面出现，例如第 9、10 窟前室窟顶均有做托举状和手托莲花的飞行夜叉（图 9–30a. b）、第 9 窟通向后室的窟门顶部有簇拥摩尼宝珠的四飞行夜叉（图 9–31a）、第 9 窟明窗顶部有手托团莲的四飞行夜叉（图 9–31b）等。被安排在帷幕下的天夜叉，身形敏捷地游弋于帷幕之

a

b

图 9–30a　第 10 窟前室顶部托举状天夜叉
图 9–30b　第 10 窟前室顶部托莲天夜叉

图 9–31a　第 9 窟窟门顶部四飞行夜叉托举摩尼宝珠
图 9–31b　第 9 窟明窗顶部四飞行夜叉簇拥团形莲花

a

b

a

b

图 9–32a　第 7 窟后室北壁帷幕两侧虚空夜叉
图 9–32b　第 8 窟后室北壁帷幕天夜叉

中。其中第 7 窟后室北壁盝形帷幕左右两侧各雕刻了一身跃在空中，双手上举帷幕的对称飞行夜叉（图 9–32a），这双夜叉形象塑造为头大身短的童子身姿，五官端正，索头辫发，挎飘带、挂串珠，紧身短裤三角结带下垂，形象生动可爱。第 8 窟后室北壁上层帷幕东侧的天夜叉，飘带翻飞，回头侧目，跃在空中（图 9–32b）。这尊夜叉上身赤裸，下身着短裤，腰圆背厚，肌体健硕，下肢自然弯曲，手托帷幕，纹饰优美流畅的飘带由背部经两肩绕至胸前反折向两侧飘下，整体给人矫健、颇有生机之感。正所谓“夜叉者，此云勇健，飞腾空中，摄地行，类诸罗刹也”。

第二种为供养形态天夜叉。第 9、10 双窟前室北壁龛式内外亦有形象动作各异的供养形态天夜叉（图 9–33）。其中第 9 窟前室明窗窗楣上的供养式天夜叉，或成对戏谑（图 9–34），或独自作舞（图 9–35），姿势形态生动活泼。第 9 窟后室窟门门楣上部有 8 身做飞行状的夜叉，其中相对的两身夜叉手托博山炉。第 6 窟亦有安排在圆拱龛上面两上隅、盝形龛龛楣格内和弧形帷幕华绳内的夜叉，这种夜叉往往与头顶高发髻的飞天形

图 9–33　第 10 窟前室二佛并坐龛内天夜叉

象（乾闼婆与紧那罗）间隔出现，他们或为面目狰狞的逆发型、或为面貌端庄的索头辫发型，仅穿犊鼻裤，双腿分开，飞翔动作粗犷，多数带有头光。位于第 6 窟中心塔柱四面下层弧形帷幕上华绳内的索头辫发型天夜叉，体态较大、雕刻细腻。其中塔柱东面龛楣上的一对天夜叉（图 9-36a）身体健硕，左侧夜叉戴项圈，袒露上身，下穿紧身短裤，右手向前托举供养物向前飞行；右侧夜叉上身斜披络腋，下穿紧身短裤，左手在后握飘带，右手向前托举供养物向前飞行。位于塔柱西面弧形帷幕上华绳内的一

图 9-34　第 9 窟前室明窗窗楣双夜叉戏谑

图 9-35　第 9 窟前室明窗窗楣单夜叉

a

b

图 9-36a 第 6 窟中心塔柱下层东面盝形龛楣弧形帷幕上的天夜叉

图 9-36b 第 6 窟中心塔柱下层西面盝形龛楣弧形帷幕上的天夜叉

对天夜叉（图 9-36b），则是因地制宜所雕刻的形象：左侧飞天裸上身，戴项圈，着短裙，身姿舒展，左侧上下肢体位于低位，右侧上下肢体位于高位，双手各握供养物，做回首舞蹈姿势，形态优美，是夜叉形象中的精品；右侧夜叉双腿向后自然屈膝，做腾空跃起状，左手下握圆形供养物，右手托举博山炉，形象温和自然。

3. 地夜叉

顾名思义，这是在地上活动的夜叉。他们个个身体强壮，力大无比。为了表现这一特性，云冈石窟塑造的地夜叉有以托塔承重的力士出现的，在以上所述洞窟中壁面浮雕塔和浮雕须弥座的最下层，雕刻有头发上竖、面目狰狞、头大腿短、身体健硕，上身赤裸、下穿短裙、两臂挂飘带，双手托举负重的人物形象，这就是地夜叉。同样的形象还成双成对地出现在第 7 窟窟门两侧和第 9 窟前室明窗两侧的五重塔中，每层安排两个做出相互比试武艺姿态的地夜叉，生动活泼，十分有趣。此外，在一些洞窟的门拱两侧、洞窟中佛龛两侧，也都有地夜叉的形象出现。这些形象体格健壮、面目狰狞、两腿分立，做凶悍状。

佛教中还把手持金刚杵的夜叉形象称为密迹金刚力士。所谓密迹，是指其常在佛身边而知晓佛的秘密事迹。《佛学大辞典》引《宝积经·密迹金刚力士》："法意太子曰：'吾自要誓，诸人成得佛时，当作金刚力士，常亲近佛，在外威仪省诸如来。一切秘要常委托依，普闻一切诸佛秘要密迹之事。信乐受喜，不怀疑结。……其法意太子则今金刚力士，名密迹是也。'"云冈石窟雕刻的密迹金刚力士形象多出现在窟门内外两侧，第7、8窟，第9、10窟等处都有这种形象雕刻。这些形象头戴双翅羽冠，手持短武器金刚杵（手握中段，两头呈尖菱形状）或长武器戟。在第13窟，我们看到了设计使用非常巧妙的力士造型。主像举至胸前的右手臂被一多臂力士所托（见图1–14），不仅体现了宗教中力士在保卫佛法中的重要作用，而且解决了巨大石雕造像的支撑问题。

云冈石窟的地夜叉形象并非个个头发上竖、面目狰狞。在第8窟后室东壁第三层盝形坐佛像龛北侧托举层塔的地夜叉就塑造了一个与其他地夜叉形象截然不同的样子：该形象双腿屈膝下蹲，臀部着地，双手托扛方形塔座。他身躯健硕、肌肉丰满，似蕴藏无比之力。与其他地夜叉形象不同的表现是其五官面貌的塑造：大眼弯眉、眉头紧皱、嘴角上翘、嘴吐长舌，憨态可掬，用力神情泰然自若，形象塑造生动有趣，毫无托举重物表现的负重感。这个地夜叉形象一方面体现了其对护法的热爱和忠心，另一方面也体现了云冈石窟艺术家在塑造人物形象时，对佛教护法和社会生活极其成熟的理解。无疑，此件作品是艺术家将生活中最具感染力的部分恰当地运用于佛教艺术创作中的成功范例。

在云冈种种地夜叉的形象塑造中，最具舞蹈特质的是双夜叉及其层叠排列、单夜叉的层叠排列和将全身像的夜叉置于忍冬图案中的化生形象。

双夜叉，代表性的图像为出现在第 9、10 窟 4 根前列柱后背柱基顶上的山花蕉叶出二夜叉。由保存较好的第 9 窟两根列柱上的形象可见，二夜叉为索头辫发，头部较大，身躯短粗，有头光并挎飘带，除下身着犊鼻裤，全身几近裸体，双手合十或捧供养物（图 9–37）。以下垂与上仰莲瓣纹做承托，两侧雕刻大型山花蕉叶将二夜叉置于中央，不仅表达了夜叉作为佛教护法的保卫意义，更突出了强烈的美术装饰意味。

双夜叉的层叠排列，出现在第 1、2 窟，第 7、8 窟和第 9、10 窟三组双窟中。这三组双窟均采用了浮雕层塔作为门柱或壁面龛式装饰，而在层塔的各层间都雕刻了坐佛像或夜叉力士。在进一步地观察中发现，由于层塔位置的不同，所雕刻的人物性质具有严格的规范：凡居于洞窟内壁面的层塔，出现的为坐佛像；而居于窟门或明窗两侧者，出现的则是夜叉力士。这一特征突出地表现在各双窟的首个洞窟，即第 1、2 窟的第 1 窟、

a

b

a. 东侧列柱双夜叉
b. 西侧列柱双夜叉

图 9–37　第 9 窟列柱双夜叉

● 索头辫发：又称作索发。这是拓跋鲜卑等北方少数民族的发式。《南齐书·魏虏传》云：“魏虏，匈奴种也，姓拓跋氏……亦谓鲜卑。被发左衽，故呼为索头。”“索发”显然是指辫发，即将头发编成辫子。要特别指出的是，云冈索头辫发雕刻最为突出的往往是夜叉飞天，或是飞行夜叉乐伎。索头辫发在第7、8窟和第6窟中的夜叉形象中表现较为突出。大致的样子是头部正中雕圆形凸起发式，发际处雕刻为“几”字形，耳部上方雕上圆下垂的发辫如同蝌蚪状，只不过“几”字形与圆形蝌蚪状发辫的样式不完全一致。（图9-38）

第7、8窟的第7窟和第9、10窟的第9窟。其中第7窟窟门东西内侧塔柱中保存完好的窟门西侧塔柱最上层的两组形象，不仅人物塑造生动有趣，而且其手握脚踩的对象亦表现了夜叉护法供养的佛教意义。位于窟门西壁塔柱上层的双夜叉（图9-39a），一人右腿屈膝弓步、左腿斜立，左手持供养物于胸，右手臂向上托举，浓眉圆眼珠和夸张突出的五官，表示了其夜叉凶悍的身份，将舌头伸出予以展示，又表现了诙谐调皮的一面；位于其左后侧的另一夜叉，左脚垫步向前与前者左脚交会，右腿屈膝置左小腿后侧，做出跳跃动作，上肢右手握供养物于胸，左手臂向上

a　　b　　c　　d　　e

a. 第8窟后室南壁窟门东侧上方夜叉乐伎发式
b. 第8窟后室南壁窟门东侧下方夜叉乐伎发式
c. 第8窟后室南壁窟门西侧上方夜叉发式
d. 第8窟后室南壁窟门西侧下方夜叉发式
e. 第6窟中心塔柱西面下层盝形格飞天发式

图9–38　天夜叉索发图示

图 9-39a　第 7 窟窟门西壁塔柱上层双夜叉
图 9-39b　第 7 窟后室窟门南壁西侧塔柱上层双夜叉

托举。两夜叉动作各异、搭配协调，形象生动，具有强烈的舞蹈特质和艺术感染力。位于窟门南壁两侧塔柱上层的双夜叉（图 9-39b），一人右手抚摸抬起脚的右腿胯部，左手执博山炉上举，左腿屈膝踮脚着地；位于其右后侧的另一夜叉，双手捧博山炉，扭曲身姿，左腿向前屈膝、脚踏一只匍匐于地的兽形动物，右腿踮脚着地。夜叉既“能噉鬼”而降魔护法，又具佛法供养的特征，在这里做出明确的阐释。

第 9 窟前室北壁明窗两侧塔柱各层中的形象（图 9-40），由于处于较高位置而保存完好。云冈的这种两两相对的夜叉形象，均以小儿的裸体形象为塑造蓝本，雕刻为较大的脑袋、短粗的四肢、圆润的形体曲线等，身体上的阴刻衣纹线，似乎只是刻画在皮肤上的花纹。塔柱每层安排的一对做出相互戏谑格斗形态的地夜叉，生动活泼、趣味浓厚。

然而这种出现在云冈最繁荣时期的造型设计，既非云冈创造，亦非偶然，它是犍陀罗佛教艺术中护法思想的重要表现之一。在出土的犍陀罗艺术作品中，具有这一特性的雕刻残片屡见不鲜。这幅犍陀罗图像（图

图 9-41　犍陀罗护法图版

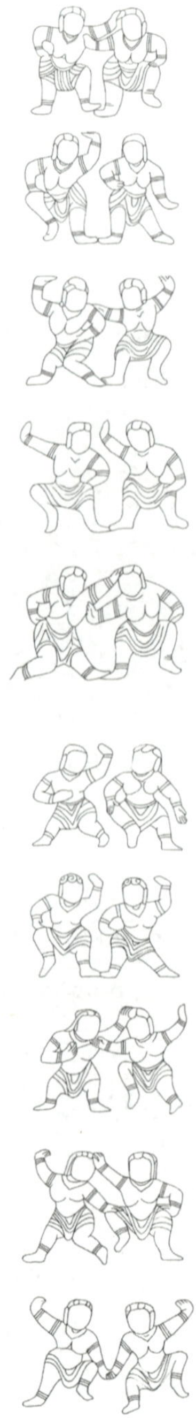

图 9-40　第 9 窟前室明窗两侧层塔双夜叉

9-41）的纵向层叠结构各层中两两相对的护法人物与之几乎完全一样。显而易见，将护法形象安排在门口或者窗口两侧，用来表示对佛法庄严的维护，是从犍陀罗艺术时代到云冈艺术时代一直被继承和延续着。而云冈石窟将这种题材运用于设计性非常强的双窟中，除了继承犍陀罗艺术表现的佛教意义外，还兼顾了维护皇权的政治意义。

单夜叉的层叠排列图像，出现在第 10 窟东壁的三间式屋形龛的 4 根层塔式龛柱中。4 根四层塔形龛柱各层均雕刻一身动作多样、形态活泼的地夜叉。这当是一种与双夜叉层叠排列具有渊源关系的艺术派生形象。

a–d. 第 9 窟前室北壁窟门门楣双人化生
e–h. 第 10 窟后室南壁窟门门楣单人化生

图 9–42　化生

将夜叉置于忍冬或龙形图案中，亦是云冈舞蹈形象中的重要表现形式之一。这种图案性极强的雕刻，不仅述说了佛教教义之神奇，还极大地丰富了佛教石窟寺艺术的装饰内容。第6窟门楣、门柱，第9窟前室北壁门楣、门柱，第10窟门楣、门柱等位置，都设计雕刻了以夜叉为中心人物的极乐化生形象（图9–42）。这些浅浮雕图案，设计精细严谨、雕刻线条流畅。置身于忍冬纹或龙形纹中的化生形象雕刻出全身，身穿犊鼻裈、挎飘带，坐姿、站姿形式多样，他们做出的动作幅度较大，形象活泼多样。

椭圆形单元内的化生形象有双人者，亦有单人者：双人者以套圭为界将椭圆形单元分为两部分，左右各雕呈对称形的坐姿夜叉化生像；单人者将化生置于椭圆形单元中心，周边的忍冬纹均以对称形式围绕。其中第10窟后室门楣上的一个椭圆形单元内的化生，手中还托了一枚摩尼宝珠，体现了佛教禅法意义。

十看蓮花

the tenth angle of view

yungang grottoes

莲花，这种生长于水池中的植物，受到佛教的极大尊敬和爱戴，取其“出淤泥而不染”和“守一茎一花之节”的寓意，象征了最崇高之美德。因之，佛教将弥勒净土称为莲，同时在众多场合中赋予莲花无上的光荣。

由于早期佛教艺术已将莲花定性为自己宗教的神圣之物，所以它有时被作为佛诞生的象征物，或也被作为佛陀转世的象征物，但最普遍的是作为神圣之花而出现。以至于当犍陀罗艺术的童年期将希腊雕刻艺术画面作为佛教内容进行展示时，只是让希腊式雕刻人物手中执一朵莲花，便被认为是具有了足够的佛教意义了。从那以后，莲花不仅成为佛教的象征物和对佛陀做供养的最重要形式，而且被作为佛教艺术创作中使用最频繁的对象而加以描述和颂扬。

云冈石窟作为世界上最大规模的佛教石窟寺，莲花造型数量巨大、形式多样，并具有强烈的图案化特征。

一、团形莲花图案

顾名思义，这种莲花图案为圆团形的，是莲花的平面观察形象。造型上的艺术化使莲花的形象具有了强烈的图案性，已经完全脱离了莲花的实物形态，因而称之为图案了。团莲的主要所处位置有两种。首先，这种具有强烈图案性的团莲，最多地被装饰在洞窟内的顶部，并且往往居于中心位置。这一方面强调了莲花在佛教意义上的重要象征，另一方面也渲染了莲花在洞窟美术装饰中不可替代的位置。其次，这种图案性极强的团莲还被雕刻在洞窟内的地面上，以象征神圣的佛国净土。

1. 顶部团莲图案

在早期昙曜五窟的装饰图案中，或是因为洞窟穹隆顶形制，或是因为其他缘由，这里的洞窟顶部较少看到雕刻团莲图案的情形，只是在少数洞窟的窟门顶部中央，于中期或晚期时补刻了不很突出的团形莲花形象。显然，这些洞窟中的团莲图案不能够代表云冈石窟顶部团莲图案之主流。而当石窟的开凿进入雕饰富丽的中期阶段后，洞窟形制发生了明显的变化，不仅洞窟平面逐渐方形化，窟内顶部也变化为方形平綦格式，为顶部设计创作新的形式创造了有利条件。只有在这个时期之后，在顶部装饰的团莲才成为真正意义上的团形莲花图案。

中期洞窟中的顶部团莲图案主要有以下 4 种形态：

⑴宝装双层团莲图案。传统意义上的“宝装”莲花，是在各个莲花花瓣上雕刻线条，以使花瓣更具立体感、装饰性，是云冈石雕莲花的重要特征之一。第 9、10 窟明窗顶部雕刻的大型团莲就是这样的双层团莲图案（图 10–1）。这种样式的团莲是在单层团莲基础上再加上一层莲瓣而成。这使得团莲形象更加饱满华丽，具有了更加强烈的装饰意味。

⑵雕刻莲子的浅浮雕团莲图案。第 1、2 窟顶部南侧各雕刻了 3 朵这

种形式的团莲图案（图 10–2）。这里的团莲分为 3 层雕刻：最外层为宝装莲瓣，瓣间衬尖角荷叶；中间层为雕刻细密的无宝装莲瓣；中间的花盘雕刻了若干表示为莲子的阴刻小圆圈。无独有偶，晚期洞窟中的第 11–6 窟顶部，也出现了花盘内雕刻莲子的团莲（图 10–3），4 朵开放的莲花位于方形顶部四角，每朵莲花花盘内以阴刻线雕刻 4 枚莲子。尽管莲子的出现增强了莲花的写实性，但其整体形象的表达依然基于艺术创作的图案化设计。

⑶宝装单层团莲图案。第 7、8 双窟后室顶部均在平棊枋上和藻井内雕刻了这种单层团莲图案（图 10–4）。这种样式的团莲留有较大的素面花盘，单层莲瓣雕刻宝装，花瓣间下衬荷叶尖角，形成规整的圆形图案式莲花。

⑷无宝装单层团莲图案。第 9、10 窟前室顶部均在平棊枋上和藻井中雕刻了这种无宝装的单层团莲图案（图 10–5）。这种团莲图案依然雕刻了较大的花盘，只是单层莲瓣没有雕刻装饰性的宝装，使得莲花形象略显朴素，也较为接近现实中的莲花形状。

到了晚期，洞窟顶部雕刻团莲图案就更加普遍了。多数形制为平基格的顶部、部分无平基格的顶部都装饰有不同数量和形式的团莲图案，并且团莲形式又有了新的变化，主要有以

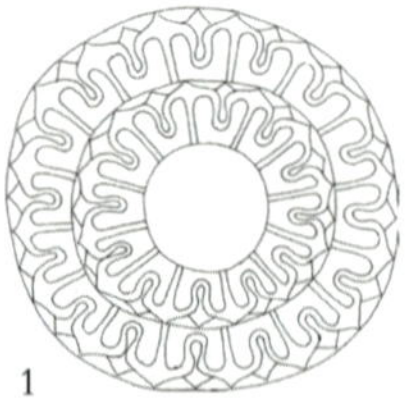
1

2
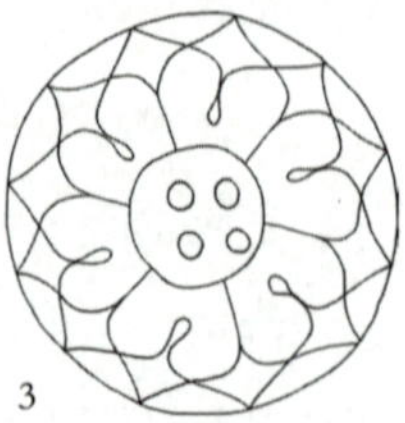
3
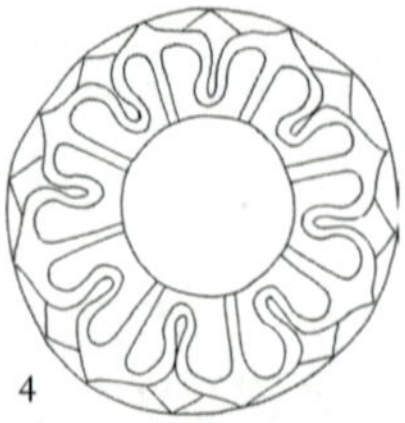
4
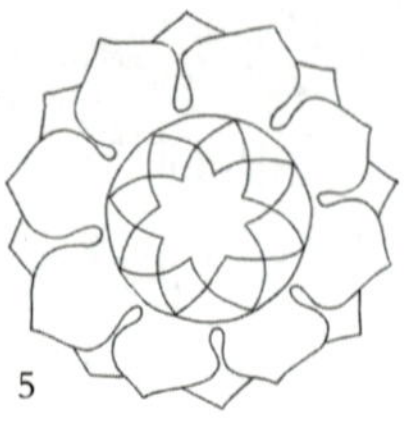
5

图 10–1　第 9 窟明窗顶部团莲
图 10–2　第 2 窟顶部团莲
图 10–3　第 11–6 窟顶部团莲
图 10–4　第 7 窟后室顶部团莲
图 10–5　第 9 窟前室顶部团莲

图 10-6　第 30 窟顶部团莲

下两种：

一是花盘凸出的团莲图案（图 10-6）。第 30 窟雕刻的这一形式团莲，处于无平綦格的顶部中央。团莲分为 3 层：花心为圆形乳状突出；第二层用阴刻线刻出双层瓣莲花；最外层为云冈常见的宝装莲瓣。3 层雕刻没有雷同，是这种团莲图案最重要的特点。这种富于变化的形象设计，表现了云冈晚期雕刻创作活跃的时代特征。与此同时，该窟顶的 4 个角亦装饰有较小型的团形莲花，虽然其中的飞天乐伎雕刻得非常优美秀丽，但是窟顶的主角仍是团形莲花无疑。

7

8

图 10-7　第 33-3 窟顶部团莲
图 10-8　第 38 窟顶部团莲

二是化生团莲图案（图 10-7）。第 33-3 窟顶部团莲分为 4 层：中心为小型乳钉；第二层向下突出，上饰单层莲瓣共 8 瓣，花瓣中共雕饰有 4 身化生童子；第三层与第四层均为宝装式单层莲瓣。

第 38 窟顶部团莲图案是云冈石窟设计最精细、雕刻最复杂的上乘作品（图 10–8）。此团莲图案置于顶部中间两格之间，除中央乳状花心非常突出外，四周开放的花瓣多被雕刻在上方的人物形象覆盖。我们可以清楚地看到 3 层人物雕刻：第一层为 4 个半身化生形象，头向外，背后雕莲瓣纹，头梳双丫髻，着双领下垂衣，右手上举；第二层为 4 身双手合十坐于莲中的化生童子形象，从 4 头身躯柔软、快速奔跑的兽嘴中飘出；最外层则是 4 身骑在兽背上的天人形象。如果我们将这三层人物雕刻隐去，将雕刻于人物间隙和最外层的莲花瓣用虚线连起来，就可看到一个花瓣层叠互压有序的完整团莲形象。在团莲上雕刻化生、天人，并使他们在圆形花盘之中运动盘旋，不仅使此团莲设计雕刻成为云冈石窟中最为别致突出的一例，同时亦描绘了一幅佛国天宫净土美好无限的景象。

在第 33–1 窟的顶部（图 10–9），九格平綦的 5 朵团莲（中央格和四角格各一朵）则是一种容易雕刻而形象依旧漂亮的开放团莲。这种似以大

图 10–9　第 33–1 窟顶部

小两朵团莲复合构成的团莲形式，以阴刻线为主，雕出无限柔和的双层莲花瓣，与早、中期出现的团莲在形式上出现了较多变化，特点鲜明。

我们看到，云冈晚期顶部团莲除部分继承早、中期莲瓣雕刻式样外，其主要特点有两个：一是团莲中央多雕刻突出的乳状花心，二是莲瓣间有序的层叠互压成为最为流行的雕刻方式。这些表现亦是云冈晚期雕刻变化多样的特点在莲花雕刻中的反映。

2. 地面团莲图案

在洞窟地面上雕刻莲花图案，是佛教石窟寺常见的做法。这种来到石窟似进入佛国净土的象征性表现手法，在云冈多运用于有计划开凿的重要洞窟之中。这种情形目前发现有两处：

⑴第 9、10 窟地面团莲图案。云冈石窟考古人员分别于 1972 年和 1993 年在第 9、10 窟前进行过两次地面发掘清理。在双窟前的前庭地面基岩上发现雕有 4 朵直径约 3~3.4 米的团莲和由联珠纹、莲花纹组成的方形边饰（图 10–10）。这是迄今为止在云冈发现的最大规模洞窟地面团莲图案雕刻。

⑵第 5–11 窟地面团莲图案。此窟位于第 5 窟明窗之西侧，由于处于距地面较高的位置，长年很少有人进入洞窟内，因而窟内地面 5 朵团莲均

图 10–10　第 9、10 窟地面团莲复原图

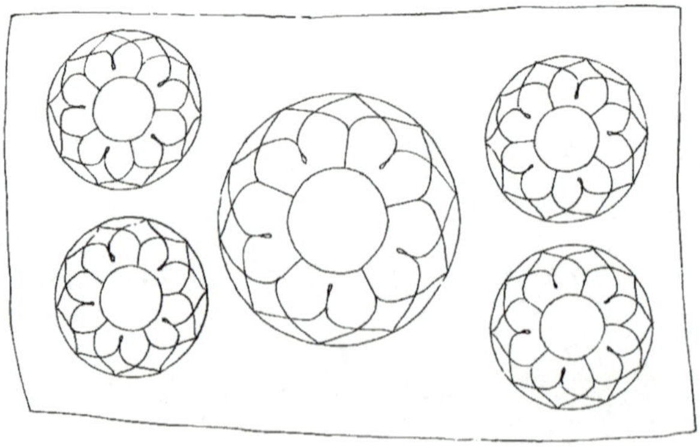

图 10-11　第 5-11 窟地面团莲图案

保存完好（图 10-11）。5 朵团莲布局为：中心一朵较大，直径约 0.78 米；四角各一朵，略小，直径均为 0.50 米。5 朵团莲雕刻设计为统一风格，均以阴线刻就。内圈花心为素面圆形；中层以交叉状雕刻两层莲瓣，一层莲瓣的瓣间线与圆花心相接，另一层的瓣间线雕刻为相互连接的反向折线形式，使图案呈现出浓烈的装饰意味，且两层莲瓣在视觉上可以上下互通。这样别具一格的造型使它成为云冈阴线团莲雕刻的最佳作品。

无独有偶，位于西部窟群的第 32-15 窟，也出现了地面莲花雕刻。但由于洞窟前壁的地面多半坍塌，只在后壁的地面两角可见残存浮雕团莲、地面中间有莲花边际残留，估计原地面也是 5 朵团莲，布局和形式应与第 5-11 窟地面团莲一致。

云冈目前可见的两个雕刻有地面团莲图案的洞窟，团莲所处位置均位于参拜者不易攀登的崖壁上方。因此我们相信，这种具有佛教莲花净土意义（人们进入洞窟踏在莲花上，有如来到佛国净土）的雕刻，其实广泛地被后来开凿的洞窟沿用，但因千百年来不断有人参观拜访而早已磨灭殆尽了。

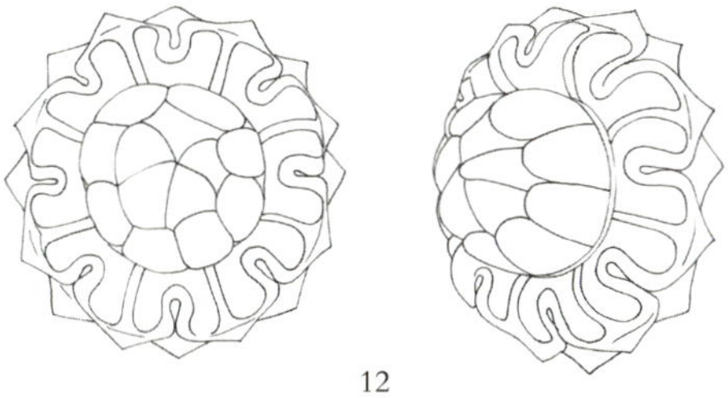

12

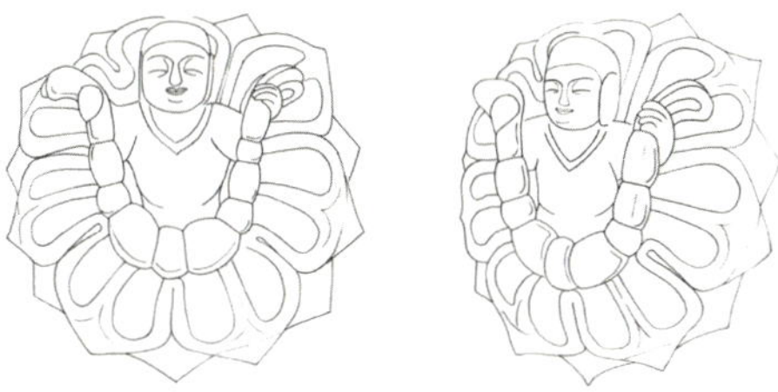

13

14

15

图 10–12　第 9 窟前室门楣莲花门簪
图 10–13　第 10 窟后室窟门门楣莲花化生
图 10–14　第 5 窟窟门顶部莲花化生
图 10–15　第 9 窟前室顶部高浮雕莲花

二、单体莲花装饰

单体莲花装饰指附着在窟顶、龛楣、门楣和其他地方而起到装饰美化作用的莲花雕刻样式。主要有两种表现形式：一是高浮雕莲花，这种样式的莲花出现不多，但是一种立体感强、装饰意味突出的团莲图案；二是雕刻于盝形格内或点缀于壁面各类图案间的莲花，这种莲花在装饰华丽的中期洞窟中多有表现，数量较大、形式多样，丰富多彩。

1. 高浮雕莲花门簪

在第 9、10 双窟由前室通往后室的窟门门楣上，均以高浮雕形式装饰了莲花式门簪。这种门簪正面雕刻为圆形，主体内容分为两层：内圈是莲花瓣层叠组成的乳状凸出形花苞；外圈为展开的宝装莲瓣，形象饱满和谐，生动大方。这些莲花式门簪以一字形横向排列于门楣面上，它们在装饰人物的浅浮雕椭圆环形忍冬底纹的衬托下，显得高贵突出（图 10–12）。

与前室门楣莲花式门簪相对应

的第 10 窟后室门楣上，也装饰了高浮雕莲花式门簪。但已经在前室莲花门簪基础上进行了创新，雕刻了体现佛教璎珞供养意义，并更突显动感的莲花化生人物的高浮雕“莲花化生形象”（图 10–13）。这种被称作莲花化生的形象还出现在第 5 窟窟门顶部（图 10–14）。

第 9、10 双窟门簪式莲花图案无论是其高浮雕的设计雕刻思想还是雕刻制作水平，均是云冈莲花图案中的上乘之作。

2. 窟顶高浮雕乳钉状莲花

这样的莲花图案主要出现在中期第 9 窟前室顶部以及晚期洞窟顶部。其中以第 9 窟前室顶部平棊格上的形象最具代表性。第 9 窟前室顶部是一个横一纵二分为六个平棊格的长方形窟顶，两个乳钉状高浮雕莲花就位于纵横平棊枋相交的位置。莲花中心花瓣包裹为球状莲苞，外两层花瓣向四周展开，形象圆润饱满（图 10–15）。

3. 置于盝形格内的莲花图案

除在盝形格内置飞天形象外，在云冈石窟盝形龛的龛楣之中，还雕刻了其他形式的花纹，其中较为普遍的是莲花纹。方形格内一朵朵开放的莲花形式多样、个个不同，均为图案性很强的浅浮雕作品，有的花瓣是椭圆形，有的花瓣是树叶形，有的花瓣向上弯曲开放。盝形龛内出现莲花图案较早的是第 7、8 窟后室南壁明窗、窟门间的方形龛楣格（图 10–16）。此外，这种莲花在第 9、10 窟，第 5 窟和第 11 窟等不少中期洞窟中也有不同程度的表现。它们或独立，或与其他单体形象的装饰图案一起，被置于反映佛教故事画面的盝形龛龛楣中。

4. 壁面各类图像间的莲花

填充于壁面各类图像间的莲花，在云冈中部窟区的大型洞窟中多有出现。它们或繁或简，或大或小，因地制宜地点缀在各类龛像和图案周边的空隙位置，不仅填补了画面空白，还宣扬了莲花的宗教意义。由于个头小，

图 10–16　第 7、8 双窟后室南壁方形龛楣格内部分莲花

这种点缀式的莲花大多雕刻简单，虽是团莲却形似“梅花”。此外，也出现了一些具有独特创意的莲花形象。如第 6 窟南壁明窗与窟门间屋形龛内文殊与维摩背屏上方，各出现了一枝构图简略、形象生动的莲花（图 10–17）。遥相对应的两朵莲花之莲颈由背屏处伸出，花蕊周边五片花瓣盛开，其中一枝莲花上方的花瓣上又生长出两个“V”形花瓣，生机勃勃、情趣盎然。这茁壮成长的莲花好似神圣佛国的精灵。

无独有偶，在第 9 窟明窗东壁的画面中，手持长茎莲花的菩萨所坐的大莲花及其周围的两朵小莲花，雕刻成从水池中生长出来的模样（图 10–18），使得菩萨整体造型在庄严中多了几分灵动与精巧。由此我们可以推断，虽然宗教的神圣化将包括莲花在内的不少自然物塑造为理想化的形象，但艺术家

图 10–17　第 6 窟南壁屋形龛内文殊、维摩背屏上方的单体莲花

并没有忘记事物的自然属性，从而使造像具有了一些写实性与人世间的“世俗性”。

图 10–18　第 9 窟明窗东壁菩萨坐莲

三、飞舞在空中的团莲及其装饰性莲花

飞舞中的团莲不仅在视觉上起到强烈的美术装饰作用，同时也以突出的形象设计体现了莲花在天国中的佛教意义。将飞舞的团莲组合成装饰纹带雕刻在较高位置，以表示佛教中的天宫。同时，若干团莲组合得又较为松散，为每朵莲花留出一定的活动空间，以表示莲花的飞舞状态。这些不同于其他装饰图案的特点，集中体现了莲花在佛教石窟寺中的双重作用。飞舞的团莲在云冈石窟中有两种表现形式，分别是漂浮状莲花和飞行莲花。

1. 漂浮莲花

在云冈，漂浮莲花多出现在象征天宫的洞窟高处和表现佛教故事情节的画面中。前者彰显了佛教天国的纯洁美好，后者则渲染了社会生活中的佛教气氛。

首先是佛国天宫中的漂浮莲花。较有代表性的是第 5 窟门拱顶部和第 6 窟中心塔柱上层立佛像背光左右两上隅的漂浮莲花。第 5 窟门拱顶部雕刻了若干大小不一的漂浮团莲，以试图表现漂浮莲花由远而近的漂浮状态（图 10–19）。我们注意到，这些大小不一的团莲中心雕刻了佛的形象，是为莲花化生，显然，这里蕴含着更加丰富的佛教内容。而雕刻于第 6 窟中心塔柱上层立佛像背光两侧手托供养物飞天周围的漂浮莲花，则不仅表示

图 10-19　第 5 窟窟门顶部漂浮莲花

了佛国天宫的纯洁美好，亦起到填补画面空白的美术装饰作用。

其次是佛教故事中的漂浮莲花。在云冈，很多洞窟壁面都有刻画佛教故事（包括本传、本生、因缘）的画面。我们注意到，在这些画面中的空白处，常常会出现漂浮着的莲花雕刻，其中第 6 窟佛本传故事和第 9、10 窟前室佛本生故事（见图 4-6）等画面最有代表性。如上所述，这种独立悬浮的团莲，往往出现在画面的空白处，不仅渲染了佛教气氛，还起到填补画面空白的作用，从而使美术画面在视觉上表现得更加完整。

2. 飞行莲花

在云冈，一共出现了 3 种飞行状的莲花形式，分别在第 2 窟和第 6 窟：一是龛内飞行莲花，在第 2 窟北壁胁侍菩萨龛内；二是天人手抛莲花，在第 6 窟中心塔柱的盝形龛龛楣格内；三是飞行莲花纹带，位于第 6 窟中心塔柱南面上层的帷幕之下。

首先来看第 2 窟北壁的飞行莲花。其位置在盝形大龛右（西）侧梢间残存的方形龛内。此龛风化严重，表示运动于空中的莲花有着明显拖尾，位于胁侍菩萨像头部右侧的背光内。按照主流洞窟分期说，第 1、2 窟的开凿早于第 6 窟，因此这是云冈石窟最早出现的飞行莲花。

其次来欣赏雕刻在第 6 窟中心塔柱下层盝形大龛龛楣格内的飞行莲花。从图中我们看到，部分飞天形象将团莲抛于空中（见图 9–28a）。这里的团莲与飞天同样雕刻为高浮雕式。最重要的是，为了体现由手中抛出并飞舞的形象，特在团莲与飞天手之间雕刻了看起来似团莲尾巴的东西。这种经常在当代绘画中使用的表现快速运动的视觉效果，被云冈艺术家在公元 5 世纪时就运用于石雕的创作之中。

再次是团莲组成的装饰纹带。这种雕刻出现在第 6 窟中心塔柱南面上层的帷幕之下。虽然位置较高，但由于作品面向地面，因此我们可以毫不费力地看到它的形象（图 10–20）。显然，这又是一种表示团莲飞舞于空中的雕刻。其组成方式为：中心雕刻 1 朵团莲，两侧各雕刻拖着尾巴的团莲，再向两侧扩展，将不拖尾巴与拖尾巴的团莲依次间隔排列，两侧拖尾巴的团莲头向着中心，尾巴拖在后侧，从而明确地表示了向中心飞舞的方向。

3. 延长式（二方连续式）莲瓣装饰纹

由团莲宝装莲瓣式雕刻形态发展成为可以无限延长的莲瓣纹，是云冈石窟壁面和其他佛教雕刻物经常使用的花纹，多用于壁面上下层的隔离装饰。在实际使用时，这种纹饰多为下垂莲瓣式布局，它不仅可作为上下层

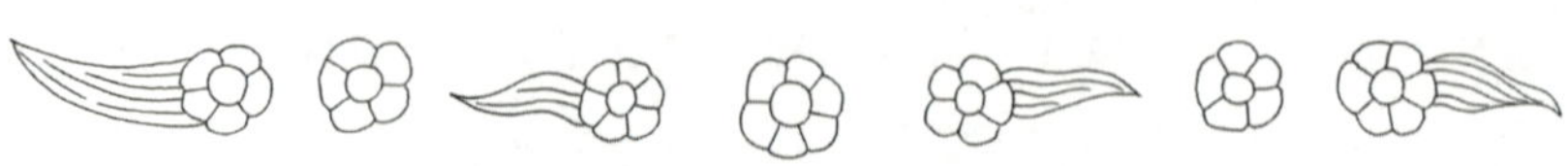

图 10–20　第 6 窟中心塔柱南面上层帷幕下飞行莲花图案

的间隔，而且也是服务于上层龛像的“莲花台座”。出现在第 7、8 窟中的这种纹饰，形象饱满、雕刻精细，有两种形式：一种是莲瓣上和花瓣角分别阴刻圆形和音符状装饰线的，显得华丽美观；一种是花瓣为素面形式的，显得简洁大方（图 10–21a. b）。

同样是延长式莲瓣纹，当其运用在诸如须弥座等非壁面雕刻物的隔离装饰时，也会出现莲花瓣上仰的形式（图 10–21c）。同时，这种上仰式的莲瓣纹又有不带宝装而花瓣层叠状的样子（图 10–21d）。

此外，上仰式莲花纹在雕刻图案变化多样的中期洞窟中，还表现为在独立造像龛下承当莲花座的形式。此个特例出现在第 11 窟西壁南侧最上层位置的两个并列盝形交脚弥勒龛中，二交脚弥勒龛下各雕刻一组这种莲花纹饰。此莲花纹以一个上圆下尖整体呈椭圆形状的莲瓣为中心，

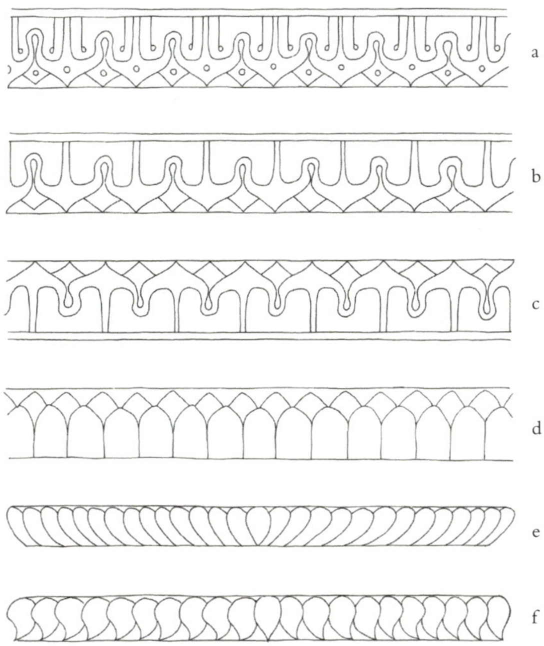

图 10–21a　第 7 窟后室西壁莲瓣纹
图 10–21b　第 8 窟后室东壁莲瓣纹
图 10–21c　第 10 窟前室北壁上仰式宝装莲瓣纹
图 10–21d　第 9 窟前室北壁上仰式无宝装莲瓣纹
图 10–21e　第 11 窟西壁上层上仰莲花纹
图 10–21f　第 33–3 窟北壁方形龛下莲瓣纹

两侧整齐排列对称状的素面无宝装莲花瓣，形成延长式莲瓣纹形式（图10–21e）。

在第33–3窟北壁方形龛下雕刻的莲瓣纹饰（图10–21f），则表现了更加独特的风格特征。所有莲瓣均雕刻为下垂的桃形，中间雕一片正面桃形花瓣，两侧的桃形花瓣的尖端分别向外弯曲，形成云冈石窟最具有独特风格的莲花纹饰。这也从一个侧面反映了云冈晚期洞窟变化多样的特点。

四、莲花座

“莲，弥陀之净土。以莲花为所居，故指净土曰莲。”（丁福保《佛学大辞典》）这就最明白地说明了以莲花座作为佛教造像座的根据——佛位于莲花座上，就意味着位于净土之上。所以，在佛教艺术中大量出现莲花座有着最为典型的宗教含义。

1.佛教人物脚踏莲花座

早期的昙曜五窟以及中期洞窟中的第9、10窟，第12窟，第13窟，第5、6窟等洞窟的佛菩萨像以及其他佛教人物多有立于半圆形或方形莲花座上的情形。

由于雕刻在最易损坏的窟内地面上，很多佛像所踏莲花座多已风化，保存较好的也残缺不全。其中第16窟坐佛像、第18窟坐佛像及其东西二胁侍佛像所踩莲花座较有代表性，也容易观察（图10–22a）。由于洞窟内的佛像为紧靠壁面的高浮雕形式，这些圆形的莲花座均雕刻为半圆形状，分平台和边饰两个部分：平台部分位于中心部位，是佛像双脚踩踏的主体，其高度按照佛像高度及莲花座自身直径大小有所不同，雕刻为无装饰花纹的素面形式，表面平整光滑；边饰部分呈圆滚状雕刻了立体感非常强的复合莲花瓣形状。整个圆滚状莲花瓣边饰和平台主体间雕刻了深深的隔

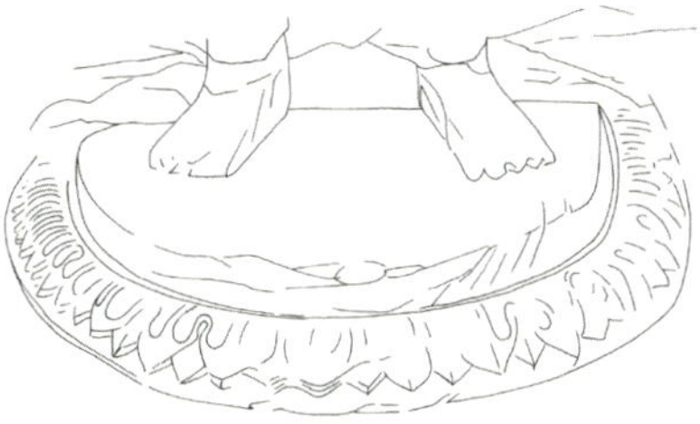

a

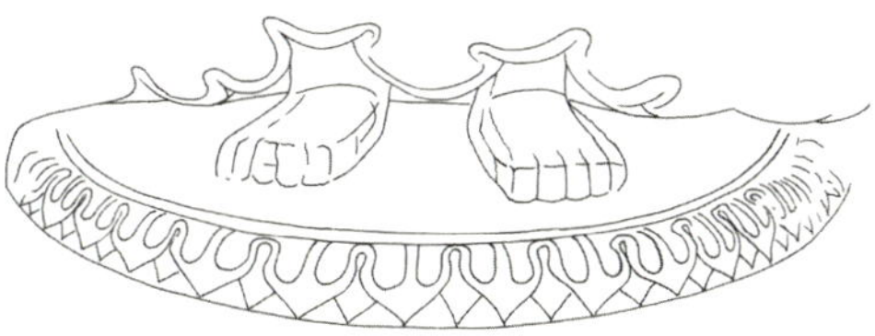

b

图 10-22a　第 16 窟主佛像莲花座
图 10-22b　第 6 窟中心塔柱上层南面立佛像莲花座

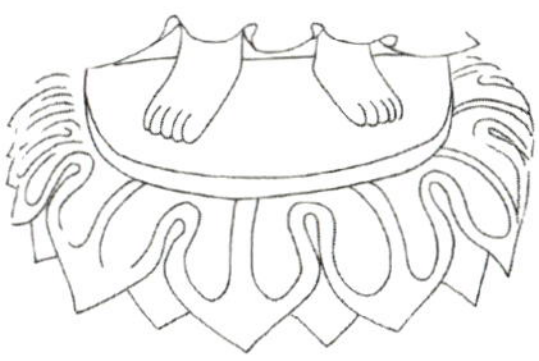

a

b

图 10-23a　第 6 窟中心塔柱上层北面西侧菩萨像莲花座
图 10-23b　第 13 窟主像莲花座

离沟，使莲花座造型层次分明、生动庄重。

在第 6 窟，中心塔柱上层四面四尊立姿佛像所踩踏莲花座与早期昙曜五窟中的立佛像所踩的十分神似（图 10-22b）。而佛像两侧的立姿胁侍菩萨脚下的莲花座（图 10-23a），虽然规模较立佛像莲花座小了不少，但由于其高度没有变化，而显得更加圆润挺拔。由于这里有充裕的立体空间，莲花座的雕刻也极具立体效果。此外，中心塔柱下层四面佛像龛两侧的立姿供养菩萨、护法夜叉等形象均脚踩半圆形莲花座，只是由于风化原因，多数形象脚下的莲花座已经风化不存，可见者仅剩中心塔柱南面下层坐佛像龛东侧的两身造像和台座。

在云冈，立体式宝装莲花座不仅有平面半圆形者，亦有平面方形者。如第 13 窟主像交脚菩萨双脚踏地处，就雕刻了一个平面方形莲花座（图 10–23b）。这一莲花座与第 16 窟、第 18 窟主尊立佛像在雕刻内容上没有太大的不同，亦即边沿为宝装下垂延长式莲瓣纹，中间为高出周边的平面，但与其巨大的双脚相比较，这个莲花座就显得狭小了。这是为适应洞窟地面较小的空间而使莲座变为方形。

2. 壁面坐佛像莲花座

壁面坐佛像莲花座在云冈石窟中的主要表现形式有两种。

⑴平面半圆形坐佛像高浮雕莲花座。这种极具立体效果的莲花座实现的前提是，坐佛像所处的龛式具有足够的深度。较为典型的是第 12 窟前室北壁明窗两侧圆拱龛内的坐佛像莲花座（图 10–24a）和第 14 窟前室西壁上层圆拱龛内的坐佛像莲花座（图 10–24b）。与立姿人物形象的莲花座一样，坐佛像平面半圆形莲花座亦为凸出圆润、极具立体效果的宝装延长式的宝装莲瓣形式，同样表现了设计严谨、雕刻细腻的特点。第 14 窟坐佛像莲花座雕刻形式与昙曜五窟中的立姿大像莲花座同样为立体形状，也同样由圆形莲花心和周边莲花瓣组成，其特殊之处在于莲花心高出周围莲花瓣一倍左右，将禅定坐佛像高高举起。与此同时，位于坐佛像两侧的胁

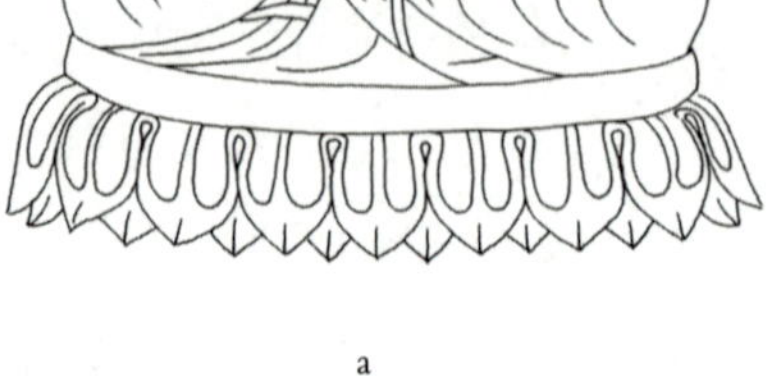
a

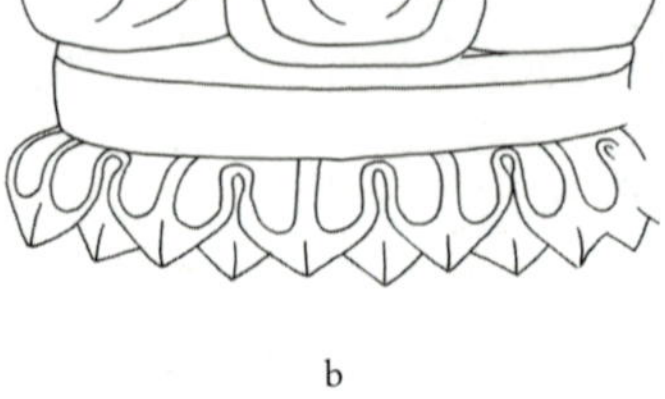
b

图 10–24a　第 12 窟前室北壁明窗西侧坐佛像莲花座
图 10–24b　第 14 窟前室西壁上层坐佛像莲花座

侍菩萨也立于同样形状的莲花座上。此组一佛二菩萨坐式造像是云冈石窟平面半圆形高浮雕莲花座的代表性作品。

⑵坐佛像浅浮雕莲花座。这种佛像莲花座形式突出地表现在第 7、8 双窟后室南壁明窗两侧下角的四尊坐佛像龛中。我国现代石窟寺学家阎文儒先生认为，这四个龛中塑造的形象均为“西方三圣”中的阿弥陀佛、观音菩萨和大势至菩萨。佛经说，西方三圣所在的净土世界是极其快乐的世界，生于阿弥陀国者“皆于七宝水池莲华中化生”。为了体现这一佛教思想，云冈石窟艺术家将龛内的坐佛像（阿弥陀佛）的座位及其两侧之胁侍菩萨（大势至菩萨和观音菩萨）脚踩之台座均塑造为莲花台座。我们通过线图可以清楚地看到，四个龛雕刻的莲花座呈现出坐佛像和立姿菩萨像不同的表现形式。

坐佛像莲花座表现为 3 种形式：

第一种为莲花展开形式。这种形式之莲花座正面表现为整体下垂的半圆形状，中间雕刻半圆形状素面莲花心，围绕花心雕刻双层宝装莲瓣纹。第 7 窟后室南壁东、西两个龛的坐佛像均为这种莲花座形式（图 10–25a）。

第二种为横向式宝装莲瓣形式。这种形式之莲花座正面表现为整体横向长方形形状，中间没有雕刻出莲花心，只是雕刻了横向的一排宝装式双层莲花瓣。第 8 窟后室南壁明窗西侧龛的坐佛像为这种莲花座形式（图 10–25b）。

第三种为横向式无宝装层叠状莲瓣形式。这种形式之莲花座的整体形象与第二种形式同样为横向长方形，中间没有雕刻出莲花心，只不过横向的一排莲花瓣没有宝装，而且表现出从中间向两侧层层叠压的对称式样。第 8 窟后室南壁明窗东侧龛的坐佛像为这种莲花座形式（图 10–25c）。

立姿菩萨莲花座也有 3 种不同形式：

第一种为莲叶下垂翻卷形式。这种形式之莲花座均雕刻了莲花心，莲花叶雕刻为自莲花心向下垂，并且呈现末端弯曲翻卷的形状。第 7 窟后室南壁东侧龛的两身菩萨（见图 10–25a）、西侧的佛像右侧菩萨和第 8 窟后室南壁明窗东侧龛的两身菩萨均立于这种莲花座上（见图 10–25c）。

第二种为小莲叶形式。这种形式之莲花座也雕刻了莲花心，但围绕花心的莲瓣雕刻得小而圆，没有宝装，双层样式。第 7 窟后室南壁西侧龛坐佛像左侧菩萨就立于这种莲花台上。

第三种为仰莲形式。这种形式之莲花座没有雕刻莲花心，抛弃了莲花瓣下垂的形式，也没有莲瓣的角尖状雕刻，而是由下至上雕刻为“整把香蕉”式的模样。第 8 窟后室南壁明窗西侧龛的立姿菩萨就立于这种莲花座

a

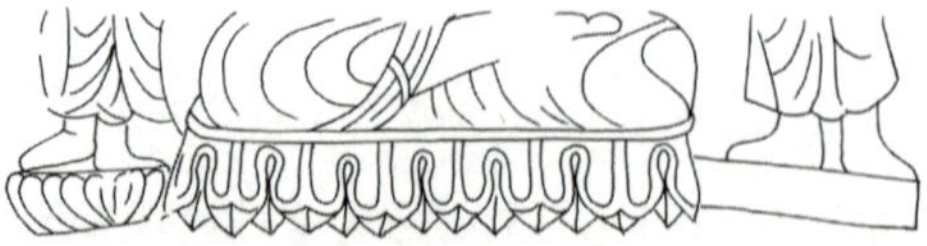

b

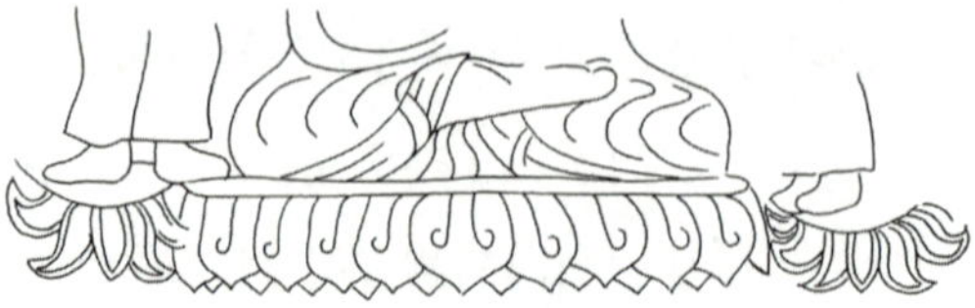

c

图 10–25a　第 7 窟后室南壁东侧西方三圣莲花座
图 10–25b　第 8 窟后室南壁明窗西侧西方三圣莲花座
图 10–25c　第 8 窟后室南壁明窗东侧西方三圣莲花座

上（见图 10–25b）。

此外，第 5 窟南壁窟门西侧的立姿供养菩萨莲花座（图 10–26），虽然亦是宝装式莲瓣图案，但并非平面半圆形，而是立面半圆。这种以浅浮雕表达莲座半圆形状的形式，是云冈艺术的又一突破创新。

3. 单列花瓣莲花座

与上述宝装莲瓣莲花座不同，此种莲花座以一个下垂桃形莲瓣为中心，向左右两侧对称雕刻了延长式的单列莲瓣，有两种形式：一是单列莲瓣上仰式，二是单列莲瓣下垂式。

单列莲瓣上仰式莲花座有两个特点：一个是设计有中心花瓣，因此两侧的单列花瓣为对称设计；另一个是由于所有花瓣均为上仰式，所以组成的图案似一朵盛开的莲花。其与宝装莲瓣式莲花座相比较，虽然缺少了庄重和圆润饱满的感觉，却显得灵巧生动，同时也表现了艺术上的多样性追求。

这种莲花座所装饰的对象较为宽泛，适用于多种人物与组合。第一是多人共踏莲花座。第 6 窟东西两壁上层雕刻的立姿佛像之两侧立于前方的供养菩萨和弟子形象均脚踏平面方形的单列花瓣莲花座，表

图 10–26　第 5 窟南壁窟门西侧供养菩萨脚踏莲花座

现较突出的是东壁的一组（图 10–27a）。第二是龛式下的莲花座。第 5 窟东壁南侧和南壁东侧各出现了一个这样的圆拱龛：东壁的莲花座与龛内坐佛像两膝宽度一致，表现为佛像坐在莲花座上（图 10–27b）；南壁的莲花座则与龛式宽度一致，则是承托了整个圆拱龛（图 10–27c）。第三是盆形单列花瓣莲花座。其形象特征是将莲座塑造为上大下小，立面似盆形的莲花形象。第 5 窟西壁中层南侧龛楣中坐佛像和其上侧的供养天人形象均使用了这种仰莲形式盆形单列花瓣莲花座（图 10–28a）。这种莲花座除了用

a

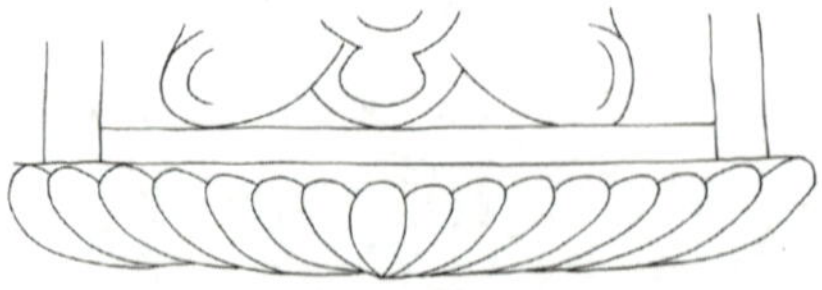

b

c

图 10–27a　第 6 窟东壁上层北侧菩萨和弟子脚踏莲花座
图 10–27b　第 5 窟东壁上层南侧圆拱龛下莲花座
图 10–27c　第 5 窟南壁上层东侧圆拱龛下莲花座

于人物形象外，还用于其他形象，如第 9 窟后室窟门两侧和第 10 窟前室北壁明窗两侧的反顾金翅鸟均站立于盆形莲花座上（图 10–28b）。

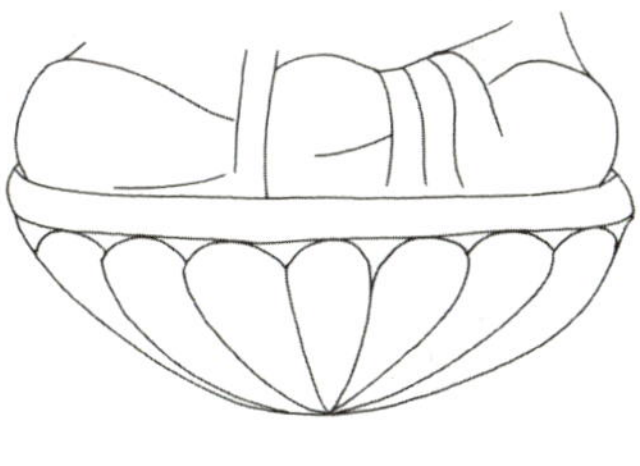

a

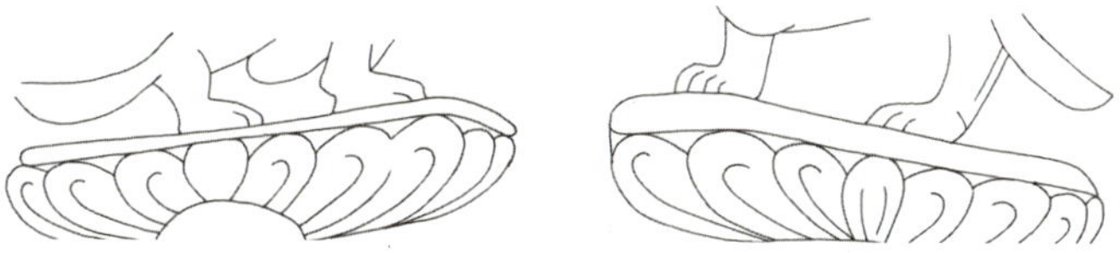

b

图 10–28a　第 5 窟西壁中层南侧龛仰莲式莲花座
图 10–28b　第 10 窟前室北壁明窗两侧反顾金翅鸟脚踏莲花座

编后记

“云冈十看”至此就全部结束了。中国文学常以“言有尽而意无穷”来形容作品的意蕴深长、回味无穷。对于山西、对于云冈来说，何尝不是如此。

山西因其独特的地域特点和历史发展机缘，在中华历史上留下了自己独一无二的历史印迹。走进山西，就如同走进了中国历史博物馆，时时处处感受着中华文明的历史脉动。而云冈，作为山西重要文化旅游名片，其重要性更加突出。

云冈的出现，不仅见证了 5 世纪中西方文化的交流融合，见证了佛教中国化、世俗化的发展，更见证了华夏大地多民族融合发展、统一向前的历史进程。同时，云冈艺术以兼容并蓄的包容精神，将西方艺术与中国中原传统审美以及边地少数民族艺术风貌巧妙融合，形成了独树一帜的艺术风貌。其重要意义，很难用一句话来概括形容。

2020 年 5 月 11 日，习近平总书记在云冈石窟考察时深刻指出，要“让旅游成为人们感悟中华文化、增强文化自信的过程”。来到云冈石窟，就是与中华文明、世界文明的一次深度交流，就是在深度体验“中华佛教艺术博物馆”的深厚韵味。

我们编写这“十看”，只是将云冈最具代表性的部分艺术珍品以十种不同的参观角度去做了归纳，用简明扼要的文字、精美的图片分享给每一位云冈的爱好者、游览者，希望能给大家游览云冈、欣赏云冈、了解云冈提供一份便捷。但是云冈深厚的文化价值、精美的艺术造诣，还需要我们细细品味、用心感悟！